MaryAnn F. Kohl mit Renee Ramsey, Dana Bowman

Erste Kunst mit allen Sinnen erfahren

Kreativität fördern bei Kindern unter drei Jahren

Haben Sie Anregungen oder Kritikpunkte zu diesem Buch?
Dann senden Sie eine E-Mail an service@schubi.com
Autoren und Verlag freuen sich auf Ihre Rückmeldung.

Sie finden uns im Internet unter:
www.schubi.com
www.bildung-von-anfang-an.de

CH-8207 Schaffhausen
service@schubi.com
www.schubi.com

2. Auflage 2016

ISBN 978-3-86723-649-2

No BV 30 026

FSC
www.fsc.org
MIX
Papier aus verantwortungsvollen Quellen
FSC® C110508

Danksagung

Der besondere Dank der Autorin geht an die beiden Pädagoginnen Renee Ramsey und Dana Bowman. Drei Köpfe sind beim Schreiben eines Buches über Kunst für sehr kleine Kinder definitiv besser als einer!
Dana Bowman begegnete MaryAnns Auffassung von Kunst zum ersten Mal bei der Lektüre des Buches „Preschool Art: It's the process, not the product" (MaryAnn F. Kohl, New Edition. Edlesborough: Brilliant Publications, 1999). Sie war erfreut, auf eine Autorin zu stoßen, für die der Prozess des künstlerischen Schaffens mit kleinen Kindern wichtiger war als das fertige Produkt.
Als Dana ihre kleinen Zwillinge bei einer Kunstschule für Kleinkinder anmeldete, traf sie dort die Pädagogin Renee Ramsey. Renee hatte die gleiche Einstellung zu Kindern und Kunst. Die beiden Frauen erkannten schnell die Notwendigkeit eines Buches über Kunst für Kleinkinder. Sie kontaktierten MaryAnn F. Kohl bezüglich einer möglichen Zusammenarbeit bei einem solchen Projekt. Daraus entstanden ein großartiges Autorenteam und eine Freundschaft – mit dem Buch „Erste Kunst mit allen Sinnen erfahren" als Ergebnis. Dazu MaryAnn: „Das Team um Renee und Dana hat dieses Buch mit Erfahrung und Klugheit bereichert. Ich habe viel von ihnen gelernt und kann ihnen nicht genug danken."
Als ausgebildete Keramikerin führt Renee Ramsey seit mehr als 15 Jahren Kurse zu prozessorientierter Kunst mit Kleinkindern und Kindern im Vorschulalter durch. In zehn verschiedenen Städten im Gebiet von California Bay wird ihr Kunstprogramm für Kleinkinder „My First Art Class" angeboten.
Dana Bowman lebt mit ihrem Mann und ihren drei Kindern in Palo Alto. Die drei Kinder verbringen Regentage gerne mit künstlerischen Aktivitäten im Haus und sonnige Tage mit „schmutzigeren" künstlerischen Aktivitäten im Freien.

Unser Dank gilt Ihnen allen!

Zahlreiche Pädagoginnen, Pädagogen und Eltern haben ihre Ideen und Erfahrungen rund um das Thema „Kunst" in dieses Buch einfließen lassen. Unser Dank gilt ihnen allen! Ihre Beiträge zeugen von unermüdlichem Engagement für die Förderung der Kreativität bei Kleinkindern, die für die Entwicklung zu individuellen Persönlichkeiten unerlässlich ist.

Laura (Hall) Eisenberg, Brownfield, Texas
Jane Chastain, Pickens, South Carolina
Jane Harris, Roselle, Illinois
Angela Hendrickson, Coon Rapids, Minnesota
Jeanie Herrod, Columbia, South Carolina
Ardis Kosmala, Clinton Township, Michigan
Jayna Ledbetter, Greenville, South Carolina
Elaine Magud, Manteca, Kalifornien
Heidi Maier, Ocala, Florida
Tracey Neumarke, Chicago, Illinois
Julie Peck, Jacksonville, Florida
Pat Ritter, Lexington Park, Maryland
Ellyn Schaffner, Halkirk, Alberta, Kanada
Lee Schauer, Milwaukee, Wisconsin
Zanni Van Antwerp, Henderson, Nevada
Kresha Warnock, Long Beach, Kalifornien
Cynthia Willmarth, Mauna Lani, Hawaii

Inhaltsverzeichnis

Einführung ... 5
Frühe Erfahrungen mit prozessorientierter Kunst – die Startlinie für Kleinkinder ... 9

Kapitel 1: Mit Farben malen ... 11
Erste Erfahrungen mit Fingermalfarbe ... 12
Fingermalfarbe auf der Tischplatte ... 14
Malen mit Wasser ... 16
Erstes Farbenmischen ... 17
Malen mit Papier ... 18
Wilde Pinsel ... 19
Selbst gemachte Farben – 23 Rezepte ... 20
Bunte Farbtupfer ... 24
Magischer Farbbeutel ... 25
Malen: vier prozessorientierte Vorschläge ... 26
Auf Stoff malen! ... 28
Malen auf Patchworkpapier ... 29
Regenspritzer ... 30

Kapitel 2: Aktiv mit Teig ... 31
Das fühlt sich klebrig an! ... 32
Saubere Pampe ... 33
Matschspiele im Freien ... 34
Regenbogen-Beutel ... 35
Dehnbarer Spielteig ... 36
Gummiteig ... 38
Knetmasse ... 40
Gipsskulpturen aus dem Beutel ... 42
Knitternde und knisternde Folie ... 43
Skulpturen aus Brotteig ... 44
Figuren aus Salzteig ... 46
Große Perlen aus der Perlenwerkstatt ... 48
Flummiteig ... 49
Große Perlenfädelei ... 50

Kapitel 3: Zeichen setzen ... 53
Sandmalerei ... 54
Zeichen setzen ... 55
Leuchtende Kreidekritzelei ... 56
Mit Kreide und Wasser malen ... 57
Bunter Malspaß auf dem Pappkarton ... 58
Wachsmalstifte und Schleifpapier ... 59
Wir kritzeln! ... 60
Tupfen ... 62
Drücken und Quetschen ... 63
Magisches Malen und Zeichnen ... 64
Widerstand der Wachsmalfarbe ... 65
Erste Frottage-Kunstwerke ... 66

Kapitel 4: Klebrige Angelegenheiten ... 69
Liste mit Materialien für Collagen ... 70
Collagen: Drücken und Kleben ... 72
Rieseln, Schütten, Kleben ... 74
Spaß mit Collagen – vier Favoriten ... 76
Kleister und Papier ... 78
Papierschnipsel-Collage ... 80
Sonnenfänger für das Fenster ... 82
Einfache Aufkleber ... 83
Klebeband-Collage ... 84
Skulptur aus Bauklötzen ... 85
Wickeln mit der Folie ... 86
Erstes Weben ... 87
Erste Erfahrungen mit der Schere: drei Lernschritte ... 88

Kapitel 5: Großartige Drucke ... 91
Liste mit Druckmaterialien ... 92
Fleißiges Drucken ... 94
Drucken mit den Fingerspitzen ... 96
Farbtanz im Sitzen ... 97
Farbige Reifenspuren ... 98
Kippen und Rollen: gepunktete Spuren ... 99
Leicht gemacht: Drucken mit Seifenblasen ... 100
Der Farbklecks! ... 102
Tolle Drucke mit Sackleinen ... 103
Drucken mit Luftpolsterfolie ... 104
Stempeln und Rollen ... 106

Kapitel 6: Kunstrequisiten für Kleinkinder ... 109
Staffelei für den Tisch ... 110
Pizzaschachtel-Staffelei ... 112
Kindgerechter Filzstifthalter ... 113
Kleine Filzstifttafel ... 114
Kleine Kreidetafel ... 115
Kunst-Sammelbuch ... 116
Fabelhafte Rahmen ... 117
Rahmen für die Kühlschranktür ... 118
Ein Kunstbuch als Erinnerungsstück ... 119
Kritzelbuch ... 120
Eimerweise Seifenschaum ... 121
Farbenmischen in der Flasche ... 122
Sommerlicher Farbschlauch ... 123

Materialverzeichnis ... 124
Symbolverzeichnis ... 131
Aktivitätenverzeichnis ... 134

Einführung

Ein- bis dreijährige Kinder

Kinder im Alter von ein bis drei Jahren sind etwas ganz Besonderes. Sie befinden sich in der Phase der Ablösung von Mutter und Vater und entwickeln sich zu selbstständigen Persönlichkeiten mit eigenen Vorlieben. Ihre nachdrücklichen Forderungen wie „Alleine!" oder „Nein, nein, nein!" sind für Erwachsene eine Herausforderung. Unterstützung und Ermutigung sind daher unerlässlich, um diese Autonomiephase glücklich zu gestalten. Kinder in diesem Alter können eine Aktivität an einem Tag ablehnen und dieselbe Aktivität am folgenden Tag mit Begeisterung durchführen. Ein- bis dreijährige Kinder stellen Erwachsene täglich vor die Aufgabe, flexibel und geduldig zu bleiben. Gleichzeitig dürfen sie sich an der fortschreitenden Entwicklung der Kinder erfreuen.

Ein- bis dreijährige Kinder

- suchen neue und interessante Reize,
- sind häufig ängstlich gegenüber Fremden, können sich aber auf sie einstellen,
- vervollkommnen ihre feinmotorischen Fähigkeiten,
- sind in der Regel ängstlich, wenn sie von ihren Eltern getrennt werden,
- mögen vorhersehbare Abläufe, können aber auch flexibel sein,
- lernen allmählich zwischen „Mein" und „Dein" zu unterscheiden,
- experimentieren gerne mit Kunstmaterialien.

Jedes Kleinkind ist eine einzigartige Persönlichkeit und hat somit sein ganz persönliches Entwicklungstempo. Kein Kind gleicht dem anderen und keines erreicht eine bestimmte Entwicklungsstufe zur gleichen Zeit oder auf dieselbe Art und Weise wie ein anderes. Temperament und Entwicklungsstand der Kinder müssen bei der Planung und Vorbereitung von künstlerischen Aktivitäten berücksichtigt werden. Es gibt eine Fülle an unterschiedlichen Wesenszügen: Manche Kinder in diesem Alter sind sensibel, andere scheinen sich durch nichts erschüttern zu lassen. Manche bekommen Wutanfälle, während sich andere flexibel zeigen. Die meisten Ein- bis Dreijährigen liegen zwischen diesen beiden Extremen. Lebhaft, ängstlich, anpassungsfähig, schüchtern, brav, zurückhaltend, positiv, ablehnend, launisch, heftig, ablenkbar und aktiv sind Wesenszüge, die auf das eine oder andere Kind zutreffen – manchmal auf ein und dasselbe Kind an ein und demselben Tag. Berücksichtigen Sie bei der Auswahl der künstlerischen Aktivitäten die Stimmung des einzelnen Kindes am jeweiligen Tag. Wenn etwas an einem Tag nicht klappt, versuchen Sie es am nächsten erneut. Wesentliche Bestandteile der Arbeit mit Ein- bis Dreijährigen sind Flexibilität, Unterstützung und Förderung. Atmen Sie also tief durch und springen Sie hinein ins Vergnügen!

„Es geht um den Prozess, nicht um das Produkt"

Kleinkinder entdecken Kunst in der Auseinandersetzung mit verschiedenen Materialien. Sie sind mehr am künstlerischen Schaffensprozess interessiert als am fertigen Produkt. Im Schaffensprozess entdecken Ein- bis Dreijährige neben ihrer eigenen Unabhängigkeit auch die Freude am Erforschen, das Vergnügen am Gestalten, die Geheimnisse des Kombinierens und, dass Herausforderungen manchmal auch Frustrationen mit sich bringen. Das sind alles elementare Bestandteile des Lernens. Für ein Kind in diesem Alter ist das Kunstwerk nur das Ergebnis des künstlerischen Schaffens und nicht der alleinige Grund Kunst zu machen.

Vermitteln Sie den Kindern durch verständnisvolle, offene Kommentare, die sie zum Experimentieren anregen, dass der Prozess wichtig ist. Beispiele für bestärkende Kommentare könnten sein:

- „Erzähl mir von deinem Kunstwerk (malen, zeichnen, kneten usw.)."
- „Hast du das gerne gemacht?"
- „Zeig mir das flauschige Stück."
- „Oh, du hast viele Farben benutzt!"
- „Wie fühlt sich die Farbe an?"
- „Schau mal, das helle Gelb!"
- „Was für ein tolles Muster!"
- „Oh, du hast einen eigenen braunen Farbton gemacht."

Der künstlerische Prozess gibt Kleinkindern die Möglichkeit, ihre Welt zu entdecken, zu erforschen und zu beeinflussen. Mitunter kann der Prozess die sensorische Wahrnehmung ansprechen, z.B. das Spüren glitschiger, kalter Farbe auf den Fingern. Die Durchführung anderer Aktivitäten wiederum kann unerklärliche Überraschungen bergen, z.B., wenn sich Farben unerwartet vermischen oder ein Klumpen Knete Gestalt annimmt. Der künstlerische Prozess kann ein Weg sein, sich abzureagieren oder anstelle eines anderen Kindes, die Knete zu schlagen. Die Aufgabe des Erwachsenen ist es, diesen Prozess zu initiieren. Stellen Sie interessantes Material zur Verfügung und ziehen Sie sich anschließend zur genauen Beobachtung zurück. Bieten Sie bei der Arbeit mit widerspenstigem Material und beim Aufräumen Ihre Unterstützung, jedoch keine „Lösungsmuster" an, die die Kinder nachmachen sollen. Das würde die Autonomie und die Kreativität der Kinder unnötig einschränken.

Cynthia Willmarth äußert sich zu den künstlerischen Aktivitäten, die die Kinder in ihrer Einrichtung machen, mit den Worten:
„Zweijährige gestalten in meiner Gruppe ausschließlich offene, prozessorientierte Kunst, genau wie die Drei-, Vier- und Fünfjährigen. Noch vor ein paar Jahren beschäftigten sich alle Kinder, unabhängig vom Alter, mit Kunsthandwerk. Aber nachdem ich viel über das Thema nachgedacht und zur kindlichen Entwicklung gelesen hatte, beschloss ich, alle Kunsthandwerk-Projekte aus dem Programm zu nehmen und unsere Einrichtung mit prozessorientierter Kunst zu bereichern. Wir statteten die Kunstecke mit vielen verschiedenen Materialien aus – unterschiedliche Arten von Papier, Klebstoff, Kleister, Bändern, Farben, Kreiden, Stoffen, Garn, Scheren und natürlichen Materialien (Kokosnussfasern, Kokosnüsse, Blätter, getrocknete Blumen), Behälter mit gesammeltem Material für Collagen und wiederverwertbaren Materialien wie Papprohre, leere Milchtüten, alte Umschläge, Werbeprospekte und so weiter. Es ist erstaunlich, wie viel Kreativität aus dieser Art, Kunst zu machen, entsteht. Diese Kunst ist viel aufregender als gewöhnlich! Ab und zu lassen wir die Kinder zum Mutter- oder Vatertag „etwas machen", aber selbst dann gestalten sie es, wie sie wollen und auf ihre eigene, einzigartige Weise. Der Prozess ist wirklich viel wichtiger als das Produkt, wenn man mit kleinen Kindern arbeitet, und es ist toll, eine Pädagogin zu sein, die auf diese Art und Weise mit Kunst arbeitet."

Zum Gebrauch dieses Buches

Das Buch ist in folgende sechs Kapitel unterteilt, die eine Vielzahl an künstlerischen Aktivitäten für Kinder im Alter von ein bis drei Jahren beinhalten:

- Aktivitäten mit Farbe
- Aktivitäten mit Teig und Knete
- Zeichen und Spuren hinterlassen
- Gegenstände auf- und ankleben
- Drucken
- Herstellung von Kunstrequisiten

Die Aktivitäten innerhalb der einzelnen Kapitel sind progressiv nach Schwierigkeitsgrad angeordnet, beginnend mit den einfachsten bis zu den Aktivitäten, für die grundlegende Fertigkeiten vorausgesetzt werden. Jede Aktivität enthält eine Materialliste, Hinweise für die Vorbereitung und die einzelnen Schritte zur Durchführung. Anschließende ergänzende Anregungen dienen der Erweiterung und Vertiefung der einzelnen Aktivitäten. Viele der Seiten beinhalten zudem Tipps für einen möglichst reibungslosen Ablauf der Aktivität und ein möglichst erfolgreiches Kunsterlebnis. Zusätzlich gibt es in jedem Kapitel zu fast allen Aktivitäten „Geschichten aus dem Kinderatelier", die über reale Erlebnisse von Kindern erzählen. Die auf jeder Seite aufgeführten Symbole (siehe Seite 7) ermöglichen eine Auswahl der Aktivitäten nach unterschiedlichen Kriterien, z.B. Vorbereitungszeit und Aktivitätsniveau. Das Buch ist für die alltägliche Nutzung gedacht und soll Kleinkindern und Erwachsenen Freude bereiten. Die Aktivitäten können beliebig oft variiert und wiederholt werden.

Zum Gebrauch der Symbole

Jede Aktivität ist mit Symbolen gekennzeichnet, die bei der Auswahl helfen und auf einen Blick zeigen, für welche Begebenheiten sich die Aktivität eignet. Denken Sie daran, dass die Symbole als Vorschläge zu lesen sind, nicht als starre Vorgaben.

Dauer der Planung und Vorbereitung

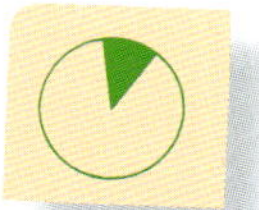

einfach

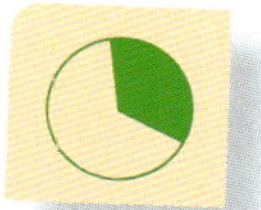

aufwendiger

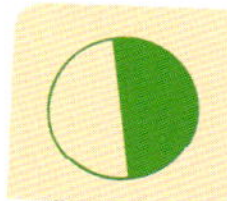

recht komplex

Die Symbole verweisen auf die Dauer der Planungs- oder Vorbereitungszeit, in der Sie Material sammeln, die künstlerische Aktivität im Raum vorbereiten und sie betreuen. Sie sind aufgeteilt in einfache, aufwendigere und recht komplexe Vorbereitungen. Bitte beachten Sie, dass jede künstlerische Aktivität vom Erwachsenen vorzubereiten ist, während die Aktivität selber vom Kind durchgeführt wird.

Aktivitätsniveau: Ruhig oder aktiv?

Manche künstlerischen Aktivitäten (und auch manche Kinder in diesem Alter!) sind still und ruhig, während andere eher aktiv und laut sind. Das Symbol zeigt an, ob es sich um eine ruhige oder um eine aktive künstlerische Aktivität handelt.

Reinigen

Ein- bis dreijährige Kinder waschen sich während der künstlerischen Aktivitäten gerne die Hände, wenn sie mit Farbe beschmiert oder klebrig sind. Das Seife-Schwamm-Symbol weist Sie darauf hin, dass Sie einen Eimer mit Seifenwasser und ein altes Handtuch für das eigenständige Waschen der Hände oder einen dicken, nassen Schwamm für das einfache Abreiben der Hände bereitstellen sollten.

Schutzkleidung

Nicht jede Malfarbe und nicht jedes Material lässt sich vollständig aus der Kleidung entfernen, sie hinterlassen Flecken. Bei den meisten künstlerischen Aktivitäten bietet es sich an, die Kinder schützende Kleidung tragen zu lassen. Besonders „schmutzige" Aktivitäten sind mit diesem Symbol gekennzeichnet. Als Schutzkleidung eignen sich vor allen Dingen Schürzen, Malkittel, alte Hemden oder Spielkleidung (siehe hierzu Hinweise auf Seite 8).

Gruppe

Es gibt Aktivitäten, die am besten mit einer Gruppe durchzuführen sind. Die meisten können sowohl mit einzelnen Kindern als auch mit einer Gruppe gemacht werden. Das Symbol erscheint deshalb nur, wenn die Durchführung in der Gruppe ausdrücklich empfohlen wird.

Außenbereich

Das Außenbereich-Symbol weist darauf hin, dass die Aktivität im Freien stattzufinden hat. Die meisten Aktivitäten können gleichermaßen drinnen oder draußen genossen werden; das Symbol erscheint deshalb nur, wenn die Aktivität ausschließlich im Freien stattfinden muss.

Vorsicht!

Das Symbol wird bei Aktivitäten aufgeführt, bei denen scharfe, heiße oder elektrische Utensilien sowie Kleinteile zum Einsatz kommen. Diese Aktivitäten erfordern besondere Beaufsichtigung und Sorgfalt. Sicherheit sollte bei der Arbeit mit Kindern immer ein Hauptanliegen sein. Lassen Sie die Kinder niemals unbeaufsichtigt. Die sorgfältige Kontrolle von Materialien oder Gegenständen, die Kinder in ihren Mund, ihre Augen oder Ohren stecken könnten, wird vorausgesetzt. Beachten Sie bezüglich der Sicherheit bitte auch die Hinweise auf Seite 8.

Die Vorbereitung

Eine gute Vorbereitung führt für alle Beteiligten zu mehr Spaß an der Kunst. Im Folgenden finden Sie Tipps für die Arbeit mit ein- bis dreijährigen Kindern:

Abdecken der Arbeitsfläche

Decken Sie die Arbeitsfläche, egal, ob Tisch, Boden, Stuhl, Wand oder Arbeitsplatte, mit Zeitungspapier ab. Befestigen Sie dieses mit Klebeband, damit es nicht wegrutscht und alles danebenkleckert. Es ist viel leichter, mit Farbe beschmierte Zeitungsbögen zusammenzuknüllen, als eine nicht abgedeckte Arbeitsfläche zu reinigen. Als Abdeckung für Arbeitsflächen eignen sich außerdem dünne Kartons, alte Duschvorhänge, Kunststoff- oder Wachstischdecken, breites imprägniertes Papier oder Makulaturpapier (unbedruckte Zeitungspapierrollen von Druckereien).

Kinderleichte Reinigung
Geben Sie den Kindern die Möglichkeit, sich selbstständig waschen zu können. Legen Sie einen nassen Schwamm, ein feuchtes Handtuch oder einzelne feuchte Papierhandtücher, an denen die Kinder ihre Finger bei Bedarf abwischen können, bereit. Sie können auch einen Eimer mit warmem Seifenwasser füllen und diesen neben den Arbeitsbereich stellen, damit die Kinder nicht immer in den Waschraum laufen müssen. Legen Sie ein paar alte Handtücher zum Abtrocknen hinzu. Mit feuchten Lappen und Schwämmen können Sie auch Kleckse und Spritzer schnell weg- und aufwischen, bevor sie eintrocknen.

Schutzkleidung für kleine Künstler
Kleidung, die von den Kindern ausschließlich bei künstlerischen Aktivitäten getragen wird, eignet sich am besten als Schutzkleidung. Die Kinder können mit ihr an den Aktivitäten teilnehmen, ohne sich über Flecken und Verfärbungen den Kopf zerbrechen zu müssen. Die Schutzkleidung kann aus einem übergezogenen Hemd, einer einfachen Schlupfhose und alten Schuhen mit Klettverschluss bestehen, die leicht an- und ausgezogen werden können. Eine alte Schürze, Papas altes Hemd mit den abgeschnittenen Ärmeln, ein Kittel oder ein Malerhemd eignen sich ebenfalls.
Sie können auch aus einer alten Kunststoffdecke leicht einen Schutzkittel herstellen: Schneiden Sie aus der Decke eine Kittelform mit einem Loch für den Kopf des Kindes und befestigen Sie seitlich elastische Bänder, die am Rücken zugebunden werden.
Die Schutzkleidung wird durch den Gebrauch immer einzigartiger, sozusagen zu einem eigenen Kunstwerk, das auch seinen Besitzer einzigartig und stolz macht.

Tipps

- Kinder im Alter von ein, zwei Jahren arbeiten am bequemsten im Stehen, kniend oder sitzend auf dem Boden. Wenn sie auf einem Stuhl sitzen, sollten ihre Füße den Boden vollständig berühren.
- Richten Sie einen Bereich ein, in dem nasse Kunstwerke ungestört auf ausgelegten Zeitungen trocknen können. Tragen Sie tropfende Kunstwerke auf einem Bogen Zeitungspapier in den Trockenbereich. Achten Sie darauf, dass der Bereich vor Windstößen geschützt ist, sodass die Kunstwerke unbeschadet bleiben.
- Vergessen Sie nicht, den Bereich um den Arbeitsplatz (Boden, Wände, Teppiche und vielleicht sogar die Decke) vor Spritzern zu schützen!
- Die meisten Farben und Färbemittel färben auf die Haut ab. Die Farbe wird jedoch nach mehrmaligem Baden und Duschen verblassen und dann vollständig verschwinden.
- Bei der Beschreibung der Aktivitäten werden häufig im Zusammenhang mit den Kunstmaterialien flache Behälter empfohlen. Dazu zählen Plastiktabletts, flache Schalen, Teller, Blumentopfuntersetzer aus Plastik oder alte Backbleche.
- Sammeln Sie für Collagen und für andere künstlerische Aktivitäten wiederverwertbare Materialien: Stoff- und Papierreste, Verpackungen, Wolle, Saumbänder, Werbeprospekte, Stöcke, Kieselsteine usw. Weitere Vorschläge finden Sie in der Liste zu Collagenmaterialien auf Seite 70 ff.). Zur Aufbewahrung können Sie stabile Plastiktragetaschen, Schuhkartons oder andere vorhandene Behälter verwenden.
- Die hier aufgeführten Aktivitäten für ein- bis dreijährige Kinder sind hauptsächlich zur Durchführung im Haus gedacht, wenn sie nicht explizit als Aktivität für den Außenbereich gekennzeichnet sind.
- Für die meisten Kinder in diesem Alter ist die einmalige Durchführung nie genug! Wiederholen Sie die Aktivitäten immer und immer wieder. Geben Sie ihnen die Möglichkeit, selbst zu entscheiden, wie häufig sie eine Aktivität machen möchten. Halten Sie ausreichend Materialien und Zubehör für vielfältige und unterschiedliche Erfahrungen bereit. Je mehr die Kinder entdecken und gestalten, desto mehr lernen sie.

Besonders wichtig: Die Sicherheit

- Die Sicherheit der Kinder sollte bei allen Beschäftigungen und Aktivitäten immer im Vordergrund stehen.
- Lassen Sie ein Kleinkind niemals unbeaufsichtigt.
- Alle künstlerischen Aktivitäten erfordern sorgfältige Beaufsichtigung und Betreuung.
- Führen Sie Collage- und Sortiertätigkeiten mit kleineren Gegenständen immer in Eins-zu-eins-Situationen durch, um das Kind sorgsam beaufsichtigen zu können.
- Achten Sie insbesondere auf kleine und spitze Gegenstände, die verschluckt werden könnten und pieksen. Bei handelsüblichen Kunstutensilien sollten Sie ausschließlich Materialien mit dem Hinweis „ungiftig“ verwenden.
- Kleinkinder erkunden Gegenstände, indem sie sie in den Mund nehmen. Vermeiden Sie deshalb Objekte, die kleiner sind als die Faust eines Kindes oder durch eine leere Toilettenpapierrolle passen. Kleinteile, die auf Kinder in diesem Alter anziehend wirken und besonders gefährlich sind, sind z. B. Luftballons, Münzen, Murmeln, Heftklammern, Heftzwecken und Büroklammern. Halten Sie auf Spielsachen und Kunstutensilien nach Warnhinweisen wie den folgenden Ausschau: „Nicht für Kinder unter 3 Jahren geeignet: Verschluckbare Kleinteile“, und verzichten Sie auf diese.

Frühe Erfahrung mit prozessorientierter Kunst – die Startlinie für Kleinkinder

Sammeln Sie eine umfangreiche und interessante Auswahl an sicheren und entbehrlichen Materialien, die ein- bis dreijährige Kinder selbstständig verwenden können. Platzieren Sie das Material in Reichweite der Kinder und beobachten Sie sie aufmerksam bei ihren kreativen Aktivitäten. Lassen Sie die Kinder frei experimentieren, ohne dass Sie eine Hilfestellung oder vorgefertigte Lösungen anbieten!

Das brauchen Sie

- Zeitungspapier
- Behälter
- Kunstmaterialien zum Erkunden:
  - (Plastik-)Kinderscheren, hochwertig
  - Adressetiketten
  - Briefumschläge
  - Faden
  - Federn
  - Filz
  - Filzstifte
  - Glitter
  - Klebstoff in einer Plastikspritzflasche
  - Kleister in einem Deckel
  - Konfetti, mit dem Locher ausgestanzt
  - Kreide
  - Material für Collagen (siehe Seite 70 ff.)
  - Papierschnipsel in einem Schuhkarton
  - Pappteller
  - Pompons
  - Punktaufkleber
  - Stoffbänder
  - Stoffreste
  - Tesafilm auf beschwertem Tischabroller
  - Wachsmalstifte
  - Wattebäusche
  - weißes Papier und Bastelpapier
  - Werbeprospekte
  - Wolle

Das tun Sie

- Decken Sie einen niedrigen Tisch mit Zeitungspapier ab.
- Stellen Sie einige der Materialien in geeigneten Behältern in Reichweite der Kinder auf den Tisch. Wählen Sie die Behälter entsprechend der Befüllung, z.B. Schuhkartons, Schuhkartondeckel, Margarinebecher, Kaffeedosen, Plastik- oder Weidekörbchen, Pappkartons, Plastikschalen oder Dosen.
- Beobachten Sie aufmerksam und freuen Sie sich an den Entdeckungen der Kinder!

Das tun die Kinder

- Die Kleinkinder
  - spielen frei und hantieren mit dem Material nach Belieben,
  - erforschen, wie die Kunstmaterialien reagieren,
  - entdecken, wie man mit Kunstmaterialien umgeht,
  - haben Spaß an ihren künstlerischen Versuchen.

Tipps

- Stellen Sie zunächst nur zwei Materialien zum Erkunden zur Verfügung, z. B. Wattebäusche oder Schwammstückchen in Behältern. Geben Sie den Kindern weitere Auswahlmöglichkeiten, wenn sie mehr Erfahrung gesammelt haben.
- Ein- bis dreijährige Kinder lieben es, Kunst „ganz alleine" zu machen – völlig frei, ohne Einschränkungen.
- Seien Sie nicht überrascht, wenn die Kinder
  - einen Filzstift in Klebstoff tunken und versuchen, damit zu malen,
  - den gesamten Glitter in die Schüssel mit Farbe schütten,
  - Aufkleber auf ihre Arme kleben,
  - Materialien ertasten, anschauen, an ihnen riechen, lauschen und sie manchmal auch einem Geschmackstest unterziehen.
- Halten Sie den Arbeitsbereich sauber, ordentlich und ansprechend. Ein- bis dreijährige Kinder stellen gerne ein großes Durcheinander her. Sie sollten jedoch für Ordnung sorgen, um den Kindern bei der Auswahl der Materialien Orientierung zu geben.

Weitere Möglichkeiten

Eine „schmutzigere" Version des prozessorientierten Experimentierens erfolgt durch die Bereitstellung folgender Hilfsmittel und Materialien:

- ein Klecks Farbe auf einem Tablett
- Pinsel
- Wasser in einer flachen Schüssel
- Pipetten
- Knetmasse oder Salzteig

1 Mit Farben malen

Kinder im Alter von ein bis drei Jahren entdecken mit Neugier die Welt und entwickeln sich dabei zu unabhängigen Denkern. Ausdrücke wie „Alleine!“ und „Ich machen!“ sind Zeichen dafür, dass sie ihre Umgebung selbstbestimmt erfahren möchten und offen für Neues sind. Kleine Kinder entdecken auch die Welt der Farben, den Umgang mit ihnen und ihre vielen Eigenschaften wie Forscher auf Abenteuerreise in einem neuen Land. Eine der besten Eigenschaften von Temperafarbe ist es, dass Kinder mit ihr mühelos große Flächen gestalten können – und Kinder mögen es groß! Außerdem können Kinder mit Temperafarbe leicht bunte Bilder erschaffen, ohne großen Druck auf den Pinsel ausüben zu müssen.

Die Beschäftigung mit Farbe an sich und der Spaß an der Aktivität stehen für Kleinkinder beim Malen im Mittelpunkt; die Fertigstellung eines Bildes ist für sie zweitrangig. Die Aussage „Es geht um den Prozess, nicht um das Produkt“ ist bei keiner anderen Altersgruppe zutreffender als bei dieser. Sie beschreibt außerdem sehr schön die Auseinandersetzung von Kleinkindern mit unterschiedlichen Kunstmaterialien. Kinder lieben es, mit Farben auf Papier zu malen und sie zu mischen. Sie lieben es auch, die Funktionsweise eines Pinsels zu entdecken und zu erforschen. Die Aufgabe der Erwachsenen ist es, Kindern Möglichkeiten zu geben, sich mit unterschiedlichen Materialien auseinanderzusetzen und Kunst erleben zu können.

Erste Erfahrungen mit Fingermalfarbe

Glitschig, kühl und zähflüssig – das Malen mit den Fingern ist „die" klassische Erfahrung unter den Kunstaktivitäten. Die Kleinkinder verteilen und verschmieren die Farbe mit bloßen Händen auf dem Papier und entdecken dabei Muster, die sie mit ihren Fingernägeln und Fingerspitzen gestalten. Malen mit allen Sinnen, vor allen Dingen ein Malen zur sensorischen Wahrnehmung.

Rezepte für Fingermalfarben

Fingermalfarbe aus flüssiger Stärke

Mischen Sie ½ Tasse (120 ml) flüssige Stärke und ½ Tasse (120 ml) flüssige Temperafarbe in einer Tasse. Geben Sie die angerührte Fingermalfarbe mit einem Löffel auf Papier, um damit zu malen.

Einfache Fingermalfarbe – von den Kindern selbst angemischt

Schütten Sie etwas flüssige Stärke auf ein Stück Papier und geben Sie anschließend 1 bis 2 Esslöffel (15 bis 30 ml) flüssige Temperafarbe hinzu. Regen Sie die Kinder an, die Farbe mit den Händen zu verteilen, zu vermischen und mit ihr zu malen.

Fingermalfarbe aus warmer Maisstärke

Lösen Sie 1 Tasse (240 ml) Maisstärke in ½ Tasse (120 ml) kaltem Wasser auf und stellen Sie die Mischung beiseite. Bringen Sie 3 Tassen (720 ml) Wasser in einem Topf auf einer Herdplatte zum Kochen. Nehmen Sie den Topf von der Platte und fügen Sie die Maisstärkemischung unter ständigem Rühren hinzu. Stellen Sie den Topf zurück auf die Platte und lassen Sie die Mischung ca. 1 Minute aufkochen, bis sie klar und dick ist. Fügen Sie ½ Teelöffel (2 ml) Lebensmittelfarbe hinzu. Achten Sie darauf, dass sich die Maisstärke vor dem Hinzufügen der Lebensmittelfarbe ganz aufgelöst hat, da es sonst klumpt. Lassen Sie die Mischung abkühlen. Geben Sie die warme (nicht heiße!) Farbe auf ein Papier oder einen Karton und regen Sie die Kinder zum Malen an.

Cremige Fingermalfarbe aus Seifenflocken
Geben Sie 2 Tassen (480 ml) warmes Wasser in eine Schüssel. Fügen Sie 1 Tasse (240 ml) Seifenflocken hinzu und schlagen Sie die Mischung mit einem elektrischen Handrührgerät steif. Rühren Sie anschließend ½ Teelöffel Lebensmittelfarbe unter. Geben Sie die Farbe mit einem Löffel auf das Papier und lassen Sie die Kinder mit den Händen malen. Verwenden Sie ausschließlich milde Seifenflocken und nicht gewöhnliches Waschmittel! Sie können auch selbst Flocken herstellen, indem Sie ein Stück Seife reiben. Schütten Sie überschüssige Farbe nicht in das Waschbecken, da diese den Abfluss verstopfen kann.

Fingermalfarbe aus Temperafarben – leicht zu reinigen
Mischen Sie ¼ Tasse (60 ml) Temperafarbpulver mit 1/8 Tasse (30 ml) flüssiger Seife. Geben Sie die Mischung mit einem Löffel auf ein Stück Papier und lassen Sie die Kinder mit bloßen Händen malen.

Das brauchen Sie

- Plastiktischdecke, Duschvorhang oder Zeitung
- weißes Papier (hochglänzend)
- Klebeband
- Messbecher und -löffel
- Rührlöffel
- Fingermalfarbe (siehe Rezepte auf der gegenüberliegenden Seite)

Das tun Sie

- Decken Sie einen niedrigen Tisch mit Zeitungspapier, einer Plastiktischdecke oder einem alten Duschvorhang ab.
- Befestigen Sie für jedes Kind ein Stück weißes Papier mit Klebeband auf der abgedeckten Arbeitsfläche.
- Wählen Sie eines der Rezepte für Fingermalfarben aus und bereiten Sie es gemeinsam mit den Kindern zu.
- Bringen Sie die Kunstwerke zum vollständigen Trocknen in einen separaten Raum.

Das tun die Kinder

- Geben Sie jedem Kind einen großen Klecks Farbe in die Mitte des Papiers.
- Regen Sie die Kinder an, die Farbe mit Händen, Ellbogen und Fingern zu verteilen.

- Die Kinder können sich jederzeit die Hände waschen und abtrocknen. Einige der Kinder werden dieses Bedürfnis vermutlich recht häufig haben. Einige bevorzugen zum Abwischen der Farbe eher ein feuchtes Handtuch oder einen Schwamm.

Werkzeuge für Fingermalfarben

* Ausstechförmchen (zum Stempeln)
* Deckel eines Margarinebechers aus Plastik, zerteilt in zwei Hälften
* Essstäbchen
* Feder
* Gabel
* Gabel eines Salatbestecks aus Holz
* Kamm
* Lockenwickler
* Wellholz, klein
* Wellholz mit geriffelter Oberfläche
* Spatel
* Spielzeugteile
* Trinkhalme

- Manche Kinder werden zögern, ihre Hände in die Farbe zu tunken, um mit ihnen zu malen. Ermutigen Sie sie, die Farbe zunächst nur mit den Fingerspitzen zu erforschen. Andere Kinder werden ihre Hände hingegen mit Begeisterung in die Farbe tunken und immer wieder waschen.
- Legen Sie das fertige Bild auf Zeitungspapier, um den Transport in den Trockenbereich zu erleichtern.
- Wenn sich das Bild nach dem Trocknen aufrollt, bügeln Sie kurz mit dem Bügeleisen darüber. Bedecken Sie das Bild mit einer Zeitung oder einem alten Handtuch, um das Bügeleisen zu schützen.

Geschichten aus dem Kinderatelier

Anna betrachtet den Klecks aus flüssiger Stärke und gepudertem gelbem Temperapulver auf ihrem Papier. Sie streckt ihren Finger aus, steckt ihn zaghaft in die Farbe und rührt dann das Pulver in die Stärke. Wie weich und kühl das ist! Nachdem sie beides gut verrührt hat, verschmiert sie die Mischung mit beiden Händen zu kreisenden, symmetrischen Formen. Vom Finger in der Farbe bis hin zu zwei gelben Händen – Anna ist das perfekte Beispiel für ein Kind, „das erst die Temperatur des Wassers fühlt, bevor es hineinspringt".

Fingermalfarbe auf der Tischplatte

Das Malen mit Fingermalfarbe direkt auf der Tischoberfläche ist ein glitschiges und schmutziges Vergnügen! Die Aktivität sorgt bei den Kindern für jede Menge Spaß und ist zugleich kostengünstig.

Das brauchen Sie

- glitschige Fingermalfarbe für die Tischplatte (oder eine beliebige andere Fingermalfarbe, siehe Rezepte Seite 12f.):
  - ½ Tasse (60 g) Maisstärke
  - ¾ Tasse (180 ml) kaltes Wasser
  - ¼ Tasse (60 ml) Wasser (Zimmertemperatur)
  - zwei Tassen (480 ml) kochendes Wasser
  - 1 Päckchen Gelatine, geschmacksneutral
- Messbecher
- Topf und Löffel zum Umrühren
- Schüsseln
- Herdplatte
- Temperafarben
- einen niedrigen Tisch (auf dem gemalt wird)
- kleine Plastik- oder Pappbecher, in verschiedenen Größen
- Zubehör zu Fingermalfarben (siehe nachfolgende Liste)

Werkzeuge zum Bearbeiten der Farbe

* halbierte Plastikdeckel, am offenen Ende in Wellenlinien und Zickzackmuster geschnitten
* Holzlöffel
* Kamm
* Spatel aus Kunststoff
* leere Joghurtbecher
* Pappe, an den Rändern mit Abdeckband verstärkt
* Plastikmesser

Das tun Sie

- Bereiten Sie gemeinsam mit den Kindern das Rezept für die glitschige Fingermalfarbe zu: Verrühren Sie die Maisstärke und das kalte Wasser in einem Topf zu einer klümpchenfreien Masse. Geben Sie ¼ Tasse Wasser in ein Schüsselchen und schütten Sie die Gelatine darauf. Stellen Sie die Gelatine zum Auflösen beiseite. Geben Sie kochendes Wasser in die Maisstärkemischung im Topf und rühren Sie die Masse glatt. Stellen Sie den Topf auf eine Herdplatte und erhitzen Sie die Masse unter ständigem Rühren, bis sie aufkocht und klar wird. Nehmen Sie den Topf von der Platte, fügen Sie die aufgelöste Gelatine hinzu und rühren Sie um. Füllen Sie die Masse nach dem Abkühlen in verschiedene Schüsseln und mischen Sie Temperafarbe in verschiedenen Farbtönen unter.
- Stellen Sie die Werkzeuge zum Bearbeiten und Werkeln mit der Farbe auf den Tisch.
- Geben Sie einen Klecks oder Kleckse in verschiedenen Farben direkt auf die Tischplatte.

Verrühren Sie ½ Tasse Maisstärke und eine ¾ Tasse kaltes Wasser in einem Topf zu einer klümpchenfreien Masse.

Geben Sie ¼ Tasse Wasser in ein Schüsselchen und schütten Sie Gelatine darauf.

Geben Sie 2 Tassen kochendes Wasser in die Mischung im Topf und rühren Sie um!

Geben Sie die Mischung nach dem Abkühlen in verschiedene Schüsseln. Rühren Sie Temperafarbe in jeweils verschiedenen Farbtönen unter.

Das tun die Kinder

- Regen Sie die Kinder an, mit den Fingern und Händen direkt auf dem Tisch zu malen, die Farben zu verschmieren, glatt zu streichen und anschließend Muster zu „zeichnen".

- Die Kinder können erkunden was passiert, wenn sich verschiedene Farben miteinander vermischen.
- Ermutigen Sie die Kinder, mit unterschiedlichen Werkzeugen zu experimentieren und damit weitere Muster zu gestalten. Zeigen Sie den Kindern zum Beispiel, wie man einen kleinen Plastik- oder Pappbecher umdreht und über den Tisch schiebt. Als „Spur" hinterlässt er eine saubere Oberfläche, diese Spur wird „Negativ" genannt.

Tipps

- Lassen Sie die Kinder für erste Erfahrungen mit Fingermalfarben zunächst ohne Zubehör malen.
- Sollte die Farbe auf dem Tisch trocknen, fügen Sie einen Spritzer Wasser, einen Schuss flüssige Stärke oder Farbe hinzu.
- **Reinigungstipp:** Schneiden Sie einen Plastikdeckel (z. B. von einem Margarinebecher) in zwei Hälften und verwenden Sie diese als Schaber, um mit ihnen die Farbe vom Tisch zu kratzen. Kinder lieben es auch, mit diesem selbst gebastelten Schaber in der Farbe zu spielen!

Weitere Möglichkeiten

Mal- und Waschkunst: Vermischen Sie ½ Tasse (120 ml) Temperafarbe mit 1 Teelöffel (5 ml) flüssiger Seife und lassen Sie die Kinder damit direkt auf eine Glastür oder ein Fenster malen. Anschließend bitten Sie die Kinder, die Bilder mithilfe von Fensterabziehern, einem Spülschwamm (getränkt mit warmem Seifenwasser) und alten Handtüchern „abzuwaschen". Das ist schmutzig, aber spaßig!

Malen mit Wasser

Die Kinder malen im Freien mit Wasser auf große Steine, Zäune oder Gehwege. Sie brauchen dazu lediglich einen Pinsel und einen Eimer mit Wasser. Ein schönes Malprojekt, das wenig Vorbereitungszeit beansprucht und keine Aufräumarbeiten nach sich zieht! Kinder genießen es, überall und ohne Bedenken malen zu können.

Das brauchen Sie

- einen kleinen Eimer mit Wasser (Ein Sandkasteneimer oder ein Eimerchen mit Henkel eignen sich gut.)
- breite Pinsel

Das tun Sie

- Füllen Sie für jedes Kind einen kleinen Eimer zu einem Viertel mit klarem Wasser.

Das tun die Kinder

- Regen Sie die Kinder an, den Pinsel in den Eimer mit Wasser zu tunken.
- Die Kinder können nun auf allen beliebigen Flächen malen. Kinder in diesem Alter bemalen besonders gerne Fensterscheiben. Andere beliebte Flächen sind folgende:
  - das Malen von Strichen, Punkten und Kritzeleien auf einer Terrasse oder einem Gehweg,
  - das Bemalen von Holzzäunen, Mauern, großen Steinen, Dreirädern, Schaukeln und Außenspielzeug.

Tipps

- Füllen Sie die Eimer höchstens bis zur Hälfte mit Wasser, damit die Kinder sie herumtragen können. Das Tragen von Eimern mit Wasser ist für die meisten Kinder eine neue Fertigkeit.
- Eine große Plastikflasche eignet sich für kleine Kinder gut als Transportbehälter für Wasser. Kinder haben auch Spaß am Malen mit kleineren Bürsten.

Weitere Möglichkeiten

- Lassen Sie die Kinder mit Wasser und verschiedenen Malutensilien malen (siehe nachstehende Liste).
- Die Kinder können auch große Steine bemalen. Wenn die Steine trocknen, werden sie von neuem bemalt.
- Im Freien können die Kinder gut mit Kreide malen und die Linien anschließend mit einem nassen Pinsel verwischen.

Malutensilien

- Schwämme
- Besen oder Schrubber
- Farbrolle
- Schwammbürste
- Spülbürste
- Staubwedel

Geschichten aus dem Kinderatelier

Eines Tages tunkte Lukas einen Pinsel ins Wasser und zeichnete seinen Umriss auf den Gehweg. Als Lukas sich neben seinen Umriss hockte und versuchte, den Umriss mit Wasser auszufüllen, verdunsteten die Linien vor seinen Augen. Er hörte nicht auf, Linien zu zeichnen und auszufüllen, bis er realisiert hatte, wie sich Wasser unter solchen Umständen verhält!

Erstes Farbenmischen

Das Mischen von gefärbtem Wasser in Eiswürfelbehältern aus Plastik ist für Kinder eine gute Möglichkeit, mit Farben zu experimentieren und neue Farben herzustellen. Beginnen Sie mit den drei Primärfarben, um daraus weitere Farbtöne herzustellen.

Das brauchen Sie

- Eiswürfelbehälter
- Wasser
- gelbe, rote und blaue Lebensmittelfarbe
- 3 durchsichtige Filmdöschen
- Pinsel

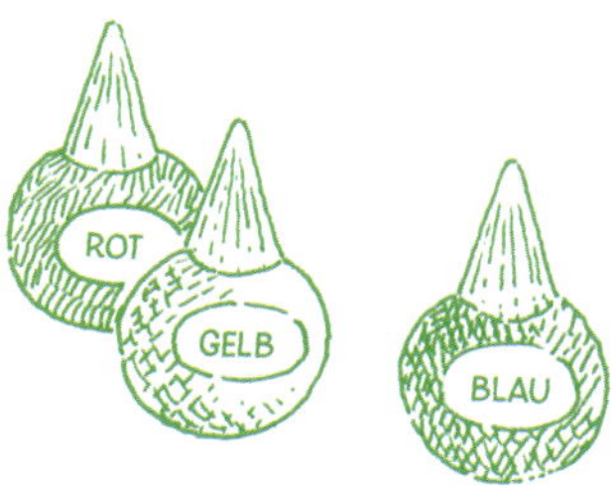

Das tun Sie

- Befüllen Sie jede Vertiefung des Eiswürfelbehälters zur Hälfte mit Wasser.
- Geben Sie jeweils mehrere Tropfen der gelben, roten und blauen Lebensmittelfarbe in eine der Vertiefungen des Eiswürfelbehälters. Das Wasser in den restlichen Vertiefungen wird nicht eingefärbt.

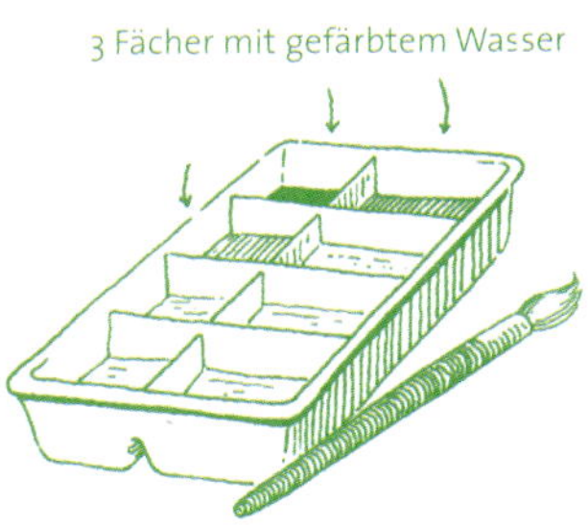

- Die drei Filmdöschen befüllen Sie mit klarem Wasser und stellen Sie sie beiseite.
- Legen Sie einen Pinsel neben den Eiswürfelbehälter.

Das tun die Kinder

- Regen Sie die Kinder dazu an, die Pinsel in die verschiedenen Vertiefungen des Eiswürfelbehälters zu tunken und die Farben zu mischen und zu erforschen.
- Geben Sie mehrere Tropfen Lebensmittelfarbe in jedes der mit Wasser gefüllten Filmdöschen und schütten Sie die Farben aus den Filmdöschen in die Vertiefungen des Eiswürfelbehälters, um den Kindern weitere Erfahrungen mit dem Mischen von Farben zu ermöglichen.

Weitere Möglichkeiten

- Stellen Sie den befüllten Eiswürfelbehälter in den Gefrierschrank und betrachten Sie zu einem späteren Zeitpunkt gemeinsam mit den Kindern die gefrorenen Farben.
- Interessante Pastelltöne und verschwommene Farben entstehen, wenn Sie eine Mischung aus Maisstärke und Wasser in die Vertiefungen des Eiswürfelbehälters füllen.
- Vermengen Sie Wasser mit flüssiger Seife und Temperafarbpulver. Füllen Sie die Mischung in einen Eiswürfelbehälter und drücken Sie einen Korken in jede Vertiefung. (Der Korken dient als Griff für die Farben.) Stellen Sie den Behälter über Nacht in den Gefrierschrank.

Geschichten aus dem Kinderatelier

Laura und Sophie ließen farbige Eisbälle, hergestellt aus kleinen gefrorenen Luftballons mit farbigem Wasser gefüllt, in einer mit Papier ausgelegten Plastikwanne herumkullern. Das Umherrollen der Eisbälle führte bei den Mädchen zu lebhaftem Gekicher und zu kalten Händen. Bis Laura sagte: „Warte!" Sie rieb sich ihre Hände an ihrem Arbeitshemd ab und ging hinüber zur Verkleidungsecke, wo sie einen Handschuh und einen Fäustling fand. Als sie zurückkehrte, gab sie Sophie den Fäustling und zog selbst den Handschuh an. In vollster Zufriedenheit widmeten sie sich dann wieder ihrem Kunstwerk.

Malen mit Papier

Malen ohne Farbe ist für Kinder wie Zauberei. Sie brauchen dafür lediglich Krepppapier und ein wenig Wasser.

Das brauchen Sie

- Krepppapier, in Streifen geschnitten, beliebige Farben
- Klebeband
- Papier
- Wasser
- Schüssel
- Scheren (optional)

Das tun Sie

- Rollen Sie einen Streifen Krepppapier zu einem festen „Stab" oder „Rohr" und umwickeln Sie das eine Ende mit Klebeband. Der Krepppapierstab sollte die Größe und den Umfang einer dicken Kreide haben.

- Legen Sie ein Blatt Papier auf den Arbeitstisch und stellen Sie eine Schüssel mit Leitungswasser daneben. Legen Sie den Krepppapierstab neben die Schüssel. Sollten Sie mehrere Farben an Krepppapier haben, machen Sie beliebig viele Stäbe.

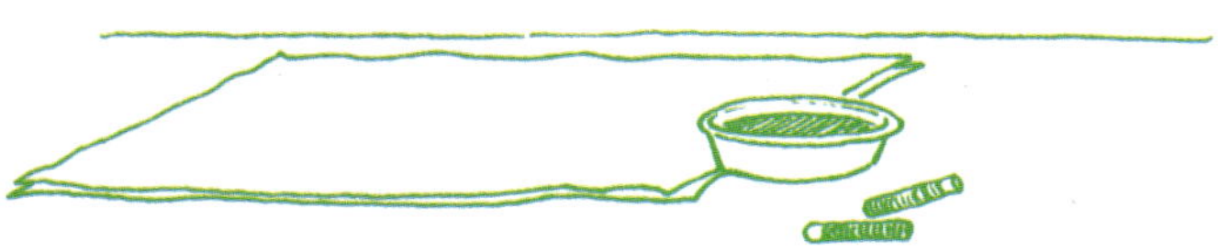

Das tun die Kinder

- Die Kinder tunken die Krepppapierstäbe in das Wasser und „malen" damit auf dem Papier. Der Farbstoff des Krepppapiers färbt das Papier ein.
- Wenn das Krepppapier zu nass wird, schneiden Sie das durchweichte Ende ab – nun können die Kinder den verkürzten Stab wieder ins Wasser tunken.

Tipps

- Krepppapierfarbe ist sehr intensiv und kann auf die Finger abfärben. Sie wäscht sich aber nach wenigen Tagen aus.

Weitere Möglichkeiten

- Rollen Sie ein Taschentuch zusammen. Tunken Sie ein Ende des Tuchs in Wasser und reiben Sie damit über ein Blatt Papier. Anschließend dürfen die Kinder mit einem gerollten Stück Seidenpapier das nasse Papier einfärben. Alternativ können Sie auch das Papier befeuchten und die Kinder legen das bunte Seidenpapier darauf.
- Zerreißen Sie Seidenpapier in große Stücke. Lassen Sie die Kinder die Stücke auf ein Blatt Papier legen und anschließend mit einem dicken Pinsel Wasser über die Stücke streichen. Das Seidenpapier kann nun abgenommen werden und hinterlässt auf dem Papier farbige Muster. Das Papier kann auch mit dem Seidenpapier getrocknet werden.

Geschichten aus dem Kinderatelier

Max war fasziniert davon, auf diese neue Art malen zu können – ohne eine Bürste oder seine Hände zu benutzen. Nachdem er das Krepppapier in Wasser getunkt und dann mehrmals über das Papier gezogen hatte, riss Max eine Ecke von einem Zeitungspapierbogen ab und tunkte sie in Wasser, um zu sehen, ob er auch damit malen könnte. Gut mitgedacht und ausprobiert, Max!

Wilde Pinsel

Sammeln Sie unterschiedlichste Materialien und basteln Sie daraus fantasievolle Pinsel aus Federn, Borsten oder Farnblättern. Jedes neue Material sorgt beim Malen für eine Überraschung.

Das brauchen Sie

- Zeitungspapier oder eine Plastiktischdecke
- Temperafarben
- Eierkarton oder Plastikschalen
- Papier, in einer Vielzahl an Größen und Arten
- Tablett
- selbst gemachte Pinsel (siehe Liste rechts oben)

Utensilien für selbst gemachte Pinsel

* Besenborsten (Entnehmen Sie einem Besen einige feste Borsten und kleben Sie sie mit Klebeband zusammen.)
* Rohrkolben mit langen Stielen
* Farnblätter
* Kiefernzweige mit Nadeln
* kleine Schwämme
* lange Federn
* luftgefüllte Ballons
* Socken oder Handschuhe, über eine Hand gezogen
* Spüllappen, -bürsten oder -schwämme

Das tun Sie

- Decken Sie die Arbeitsfläche mit Zeitungspapier oder einer Plastiktischdecke ab.
- Geben Sie die Temperafarben in den Eierkarton und stellen Sie ihn auf den Tisch. Befestigen Sie den Karton bei Bedarf mit Klebeband am Tisch.
- Legen Sie ein Blatt Papier vor jedes Kind.
- Stellen Sie den Kindern die selbst hergestellten Pinsel auf einem Tablett zur freien Auswahl zur Verfügung.

Das tun die Kinder

- Jedes Kind wählt einen Pinsel und tunkt diesen in die Farbe. Es kann nun die Farbe auf dem Papier verstreichen.
- Regen Sie die Kinder an, auch die anderen Pinsel auszuprobieren und mit ihnen zu experimentieren.
- Lassen Sie die Kinder mit den selbst hergestellten Pinseln auf der Staffelei, dem Boden oder auf Papier, das an der Wand befestigt ist, malen.

Tipps

- Befestigen Sie die Farbschalen mit Klebeband auf dem Tisch, um ein Wegrutschen zu verhindern. Es kann vorkommen, dass die Pinsel an der Farbe haften bleiben und dabei die Schalen anheben.

Selbst gemachte Farben – 23 Rezepte

In der Küche, dem Vorratsraum und im Badezimmer lassen sich viele Zutaten finden, mit denen zahlreiche Farbtöne hergestellt werden können. Das Malen mit selbst hergestellten Farben wird Kinder faszinieren und sie zu neuen Entdeckungen herausfordern.

Das brauchen Sie

(siehe Auflistung im jeweiligen Rezept)

Farbe aus Creme

- Muffinblech für sechs Muffins
- 1 Teelöffel (3 g) Maisstärke pro Vertiefung
- ½ Teelöffel (3 g) Creme (mild, weich, weiß) pro Vertiefung
- ½ Teelöffel (2 ml) Wasser pro Vertiefung
- Messlöffel
- Lebensmittelfarbe
- Pinsel

Befüllen Sie jede Vertiefung des Blechs mit der Maisstärke, der Creme und dem Wasser. Rühren Sie mithilfe eines Pinsels je eine Lebensmittelfarbe in jede Vertiefung. Die Mischung wird wie gewöhnlich als Farbe zum Malen verwendet, sie eignet sich jedoch auch gut zum Schminken.

Farbe aus Maisstärke

- flüssige Temperafarbe
- Maisstärke
- Messbecher
- Löffel und Schüssel

Verrühren Sie 1 Tasse (240 ml) flüssige Temperafarbe und 1 Tasse (125 g) Maisstärke in einer Schüssel. Diese dicke Farbe haftet gut an Papier.

Farbe aus Maissirup und Lebensmittelfarbe

- Maissirup
- Lebensmittelfarbe
- Becher und Löffel

Geben Sie Maissirup in einen Becher und rühren Sie Lebensmittelfarbe unter. Regen Sie die Kinder an, damit auf weißem Papier zu malen. Nach dem Trocknen glänzt das Bild und ist klebrig.

Farbe aus Eiern

- Farbkreide (helle Pastellkreide)
- Keramikschüssel
- runder Stein oder Mörser
- Löffel
- Muffinförmchen/Muffinblech
- Teelöffel
- Wasser
- 1 Ei
- Schüssel und Gabel
- Pinsel

Zerbrechen Sie die Kreide und legen Sie die Stücke in eine alte Keramikschüssel. Zerstoßen Sie sie mithilfe eines runden Steins zu Pulver. Sie können hierfür auch einen Mörser verwenden.

Verteilen Sie das Pulver mit einem Löffel in der Muffinform. Trennen Sie ein Ei und stellen Sie das Eiweiß beiseite. Schlagen Sie das Eigelb und 2 Teelöffel (10 ml) Wasser in einer Schüssel mit einer Gabel schaumig.

Fügen Sie das Ei-Wasser-Gemisch der Kreide hinzu und verrühren Sie alles mit einem Pinsel zu einer glatten, dünnen Farbe. Anschließend füllen Sie die Farbe für die Kinder in die Muffinförmchen.

Farbe aus Maisstärke und Essig

- weißer Essig
- Maisstärke
- Lebensmittelfarbe
- Messbecher und -löffel
- Löffel und Schüssel oder Babynahrungsgläschen mit Deckel

Verrühren Sie 2 Teelöffel (10 ml) weißen Essig, 2 Teelöffel (7 g) Maisstärke und 20 Tropfen Lebensmittelfarbe in einer Schüssel. Ein gereinigtes Babynahrungsgläschen eignet sich ebenso gut zum Vermischen. Geben Sie hierfür die Zutaten in das Gläschen, verschließen Sie den Deckel und schütteln Sie es. Die Farbmenge ist ausreichend für ein Kind.

Schminke

- Maisstärke
- Creme (weich, weiß, mild)
- Wasser
- Lebensmittelfarbe
- Messlöffel
- Schüssel und Löffel

Verrühren Sie 1 Teelöffel (3 g) Maisstärke und ½ Teelöffel (3 g) Creme zu einer glatten Masse. Rühren Sie anschließend ½ Teelöffel (2 ml) Wasser und die gewünschte Menge Lebensmittelfarbe unter. Sie können die Farbe mithilfe eines kleinen Pinsels auf Gesicht, Arme oder Hände auftragen.

Gefrorene Wasserfarbe

- flüssige Wasserfarben
- kleine Pappbecher
- Gefrierfach
- Plastiklöffel

Füllen Sie flüssige Wasserfarben in kleine Pappbecher und stellen Sie diese ins Gefrierfach. Stecken Sie einen Plastiklöffel in jeden Becher, sobald die Farben angefroren sind. Wenn die Farben schließlich festgefroren sind, entfernen Sie die Pappbecher – die Löffel dienen als Griffe.

Farbe aus Mehl

- Mehl
- flüssige Seife
- Wasser
- Messlöffel und -becher
- Löffel
- Schüssel oder großes Glas
- Lebensmittelfarbe oder Temperafarbpulver

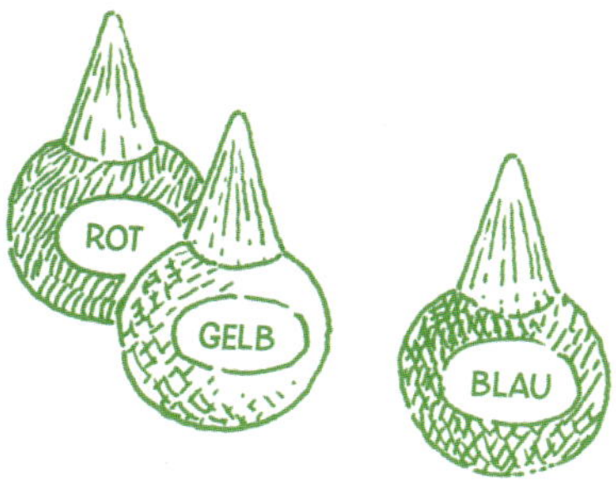

Verrühren Sie 3 Tassen (375 g) Mehl, 2 Esslöffel (30 ml) flüssige Seife und eine ¾ Tasse (180 ml) Wasser in einer Schüssel oder in einem großen Glas zu einer Paste. Rühren Sie die Lebensmittelfarbe bis zum gewünschten Farbton unter.

Duftfarbe

- Düfte und Gewürze (siehe Vorschläge unten)
- Farbe
- Löffel

Ergänzen Sie Farben um Duftstoffe und Aromen. Empfehlenswert sind insbesondere die folgenden Zusätze: Shampoo, Zitronen-, Mandel- oder Pfefferminzextrakt, parfümierte Handcreme, Parfüm oder Eau de Cologne, Fruchtsaftgetränke, Kakaopulver oder Kaffee. Die Zugabe von Gewürzen, wie z. B. Nelken, Muskatnuss, Zimt, Basilikum und Salbei, bereichert die Farbe um Oberflächenstrukturen und Gerüche.

Farbe mit Struktur

- strukturgebende Materialien
- Temperafarbe
- Löffel

Fügen Sie der Temperafarbe verschiedene strukturgebende Materialien hinzu, z. B. Kaffeesatz, Sand, Salz, Sägemehl, Späne von gespitzten Buntstiften, Haferflocken oder zerbröselte Blätter.

Farbe aus Wackelpudding

- Wasser
- Gelatinepulver
- Schüssel und Löffel oder Glas mit dicht schließendem Deckel

Vermischen Sie Gelatinepulver, z. B. Wackelpuddingpulver, mit Wasser, bis es die Konsistenz von Temperafarbe annimmt. Die Mischung kann mit den Händen oder dem Pinsel auf Glanzpapier, Aluminiumfolie oder Fotokarton aufgetragen werden. Diese Farbe eignet sich auch hervorragend für Aktivitäten zum Thema „Kratzen und Riechen".

Farbe aus Milch und Lebensmittelfarbe

- Milch
- Lebensmittelfarbe
- Schüssel und Löffel oder Glas mit dicht schließendem Deckel

Vermischen Sie Milch und Lebensmittelfarbe in einer Schüssel oder in einem Glas mit dicht schließendem Deckel. Verwenden Sie die Mischung als Farbe auf Toast, Brot, Muffins oder anderen „essbaren" Malprojekten.

Matschfarbe

- gesiebte Erde
- Wasser
- Becher
- Pinsel

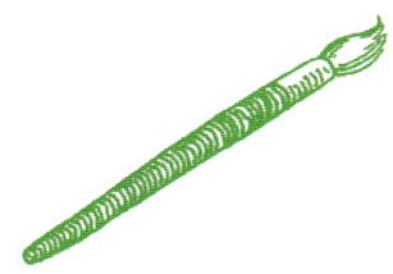

Verrühren Sie gesiebte Erde und Wasser mit einem Pinsel in einem Becher. Malen Sie damit auf Papier, Stoff oder Holz.

Farbe aus Milch

- ½ Tasse (75 g) Milchpulver
- 2 Teelöffel (7 g) Maisstärke
- Messbecher und -löffel
- Schüssel und Löffel
- ½ Tasse (120 ml) warmes Wasser
- Lebensmittelfarbe (Tabletten oder Tube)

Mischen Sie das Milchpulver und die Maisstärke in einer Schüssel. Fügen Sie nach und nach das warme Wasser hinzu, bis die Farbe geschmeidig ist. Rühren Sie anschließend die Lebensmittelfarbe unter.

Farbe aus Teig

- 1 Tasse (125 g) Mehl
- 3 Tassen (720 ml) Wasser
- Messbecher
- Topf und Rührlöffel
- Herdplatte
- Lebensmittelfarbe oder Temperafarbe

Verrühren Sie Mehl und Wasser in einem Topf. Erwärmen Sie die Mischung auf einer Herdplatte, bis sie andickt. Färben Sie die Masse ein, z. B. mit Tempera- oder Lebensmittelfarben – diese Farbe wird ihre Struktur nach dem Trocknen beibehalten.

Farbe aus Shampoo

- 3 Esslöffel (30 g) Shampoo
- Wasser
- Schüssel und Löffel
- elektrisches Rührgerät
- Lebensmittelfarbe (optional)

Vermischen Sie Shampoo mit ein wenig Wasser in einer Schüssel und schlagen Sie die Mischung mit dem elektrischen Rührgerät dick und cremig. Fügen Sie nach Belieben Lebensmittelfarbe hinzu.

Farbe aus Rasierschaum und Bastelleim

- 1 Tasse (30 g) Rasierschaum
- 1 Tasse (240 ml) Bastelleim
- Messbecher
- Schüssel und Rührlöffel
- Lebensmittelfarbe

Verrühren Sie Rasierschaum und Bastelleim in der Schüssel. Fügen Sie nach Belieben Lebensmittelfarbe hinzu. Diese plusternde Farbe eignet sich gut für das Malen auf Pappe oder Papier.

Glänzende Farbe aus Milch

- Kondensmilch
- Temperafarbe
- Schüssel und Löffel oder Glas mit dicht schließendem Deckel

Vermischen Sie die Kondensmilch mit der Temperafarbe in einer Schüssel oder in einem Glas mit dicht schließendem Deckel. Die Farbe glänzt nach dem Trocknen.

Glitschige Farbe

- Temperafarbe
- Bastelleim
- Schüssel und Löffel

Geben Sie Temperafarbe und Bastelleim zu gleichen Teilen in eine Schüssel und verrühren Sie die Zutaten. Diese Mischung eignet sich hervorragend für das Malen auf Glas oder anderen glatten Oberflächen wie Aluminiumfolie.

Schneefarbe

- 1 Tasse (125 g) Mehl
- 1 Tasse (250 g) Salz
- 1 Tasse (240 ml) Wasser
- Messbecher
- Schüssel und Löffel oder Glas mit dicht schließendem Deckel
- Temperafarbe oder Lebensmittelfarbe (optional)

Vermischen Sie Mehl, Salz und Wasser in einer Schüssel oder in einem Glas. Die weiße Farbe sieht bei Anwendung auf dunklem Papier wie Schnee aus. Fügen Sie nach Belieben Temperafarbe oder Lebensmittelfarbe hinzu. Diese Farbe trocknet schlecht.

Farbe aus Tee

- Schwarzteebeutel oder Instantkaffee
- ¼ Tasse (60 ml) Wasser
- Messbecher
- Schüssel oder Tasse

Tunken Sie den Teebeutel in das Wasser oder rühren Sie das Kaffeepulver hinein. Stellen Sie auf diese Weise verschiedene dunkle und helle Farbvariationen her. Die Farbe eignet sich zum Malen auf Papier oder für Schattierungen.

Temperafarbe und Stärke zum Aufstreichen

- Temperafarbe
- flüssige Stärke
- Messbecher
- Schüssel und Löffel
- Wasser

Rühren Sie 2 Tassen (480 ml) Temperafarbe und 1 Tasse (240 ml) flüssige Stärke in einer Schüssel zu einer glatten und cremigen Mischung. Geben Sie unter Rühren langsam Wasser hinzu, bis die Farbmischung dick und verstreichbar ist. Setzen Sie die Farbe zum Malen auf allen Papiersorten, Pappe oder Holz ein.

Farbe aus Essig und Wasserfarbe

- 1 Esslöffel (15 ml) weißer Essig
- 2 Esslöffel (30 g) Backpulver
- Esslöffel
- kleine Schüssel
- 1 Esslöffel (10 g) Maisstärke
- ¼ Teelöffel (1 ml) Glyzerin (erhältlich in Apotheken)
- Deckel von Einweggläsern
- flüssige Lebensmittelfarbe

Vermischen Sie den weißen Essig mit dem Backpulver in der kleinen Schüssel. Die Mischung wird zunächst Blasen bilden; sobald sie keine Blasen mehr bildet, fügen Sie die Maisstärke und das Glyzerin hinzu. Verrühren Sie die Mischung gründlich und geben Sie sie in die Deckel. Tröpfeln Sie etwas Lebensmittelfarbe in jeden Flaschendeckel. Nach dem Trocknen über Nacht ist die selbst gemachte Wasserfarbe fertig. Die im Rezept angegebene Menge kann verdoppelt und verdreifacht werden, um mehr Farbe und weitere Farbtöne herzustellen.

Bunte Farbtupfer

Mit einem Wattebausch verteilen die Kinder Temperafarbpulver auf Papier, bevor sie mit einem in Wasser getunkten Pinsel darübermalen. Kinder finden die trockene und pulverförmige Farbe sehr interessant.

Das brauchen Sie

- Zeitungspapier oder Plastiktischdecke
- Löffel
- Temperafarbpulver
- große Deckel aus Plastik oder Metall, einen für jede Farbe
- Wattebäusche
- weißes Papier
- Wasser
- Becher
- Pinsel

Das tun Sie

- Decken Sie den Arbeitstisch mit Zeitungspapier oder mit einer Plastiktischdecke ab.
- Geben Sie ca. ½ Teelöffel (2 g) Temperafarbpulver in jeden Deckel, einen Farbton pro Deckel.
- Legen Sie einen Wattebausch in jeden Deckel und stellen Sie die Deckel in die Tischmitte.
- Legen Sie für jedes Kind ein Blatt weißes Papier auf dem Tisch bereit.
- Schütten Sie Wasser (ca. 3 cm hoch) in einen Becher und stellen Sie ihn ebenso in die Tischmitte.

Das tun die Kinder

- Die Kinder drücken den Wattebausch in das Temperafarbpulver und reiben ihn anschließend über das Papier.
- Sobald genügend Farbpulver aufgetragen ist, regen Sie die Kinder an, einen Pinsel in den Becher mit Wasser zu tunken und damit über das Pulver zu malen. Beobachten Sie gemeinsam, wie sich die Farben vermischen.
- Die Kinder können auch einen sauberen Wattebausch oder ein Wattestäbchen in das Wasser tunken, um damit über die trockene Farbe auf dem Papier zu malen.

Tipps

- Die Kinder können in den Deckeln das Mischen von Wasser und Farbe erforschen oder eigenständig andere Ideen ausprobieren. Ermutigen Sie sie zur Kreativität. Wundern Sie sich nicht, wenn die Kinder die Wattebäusche in das Wasser und die Pinsel in das Farbpulver tunken.
- Um zu vermeiden, dass die Kinder das Farbpulver einatmen, besprühen Sie das Papier mit Wasser, bevor diese die Farben auftupfen.

Weitere Möglichkeiten

Streuen Sie gemeinsam mit den Kindern Temperafarbpulver auf ein Blatt Papier oder auf Pappe und tragen Sie es bei Regen nach draußen. Die Regentropfen verwandeln das Pulver in nasse Farbe (siehe hierzu die Aktivität „Regenspritzer" auf Seite 30).

Magischer Farbbeutel

Befüllen Sie einen strapazierfähigen, wiederverschließbaren Plastikbeutel mit Farbe. Beim Drücken auf den Beutel wird die Farbe an dieser Stelle verdrängt und der Untergrund wird sichtbar. Die Kinder malen Muster auf den Beutel, die schnell entfernt und neu gestaltet werden können, ähnlich einer Zaubertafel!

Das brauchen Sie

- dickflüssige Temperafarbe in dunklen Farbtönen, 3 Esslöffel (45 ml) pro Beutel
- einen großen, strapazierfähigen, wiederverschließbaren Plastikbeutel
- Löffel
- weißes Papier
- Abdeckband
- stumpfe Malutensilien, z. B. Eisstiele, Löffel oder Finger

Das tun Sie

- Fertigen Sie für jedes Kind einen magischen Farbbeutel an. Füllen Sie hierfür die Temperafarbe in einen Plastikbeutel. Drücken Sie so viel Luft wie möglich heraus und verschließen Sie den Beutel anschließend sorgfältig.

- Legen Sie das weiße Papier, das etwas kleiner sein sollte als der Beutel, auf einen niedrigen Tisch und legen Sie den mit Farbe gefüllten Beutel darauf.
- Fixieren Sie den Beutel an seinen Rändern mit dem Klebeband am Tisch.

Das tun die Kinder

- Die Kinder verstreichen zunächst die Farbe im Beutel mit der flachen Hand zu einer dünnen Schicht.
- Ermutigen Sie die Kinder, mit ihren Fingerspitzen Striche und Muster in die Farbfläche zu drücken. Lassen Sie sie mit anderen stumpfen Malutensilien, z. B. Eisstiel oder Löffel, experimentieren.
- Die Kinder können die Muster wegwischen, indem sie sanft mit ihren Händen über die Tüte streichen, um dann von Neuem zu beginnen.

Tipps

- Integrieren Sie die Kinder in die Vorbereitung. Sie haben großen Spaß daran, die Farbe mithilfe eines Löffels in die Tüte zu geben.
- Gefrierbeutel sind in der Regel sehr strapazierfähig und zerreißen nicht, wenn die Kinder mit ihren Nägeln darüberfahren. Wenn Sie dennoch befürchten, dass Farbe austreten könnte, verwenden Sie zwei Beutel.

Weitere Möglichkeiten

- Füllen Sie andere farbenfrohe Materialien in die Beutel, z. B. blaues Haargel oder mit Lebensmittelfarbe gefärbte flüssige Stärke.
- Schieben Sie zusätzlich ein Stück Aluminiumfolie in den Beutel und geben Sie die Farbe darauf. Verschließen Sie den Beutel und lassen Sie die Kinder, wie oben beschrieben, darauf zeichnen. Die Folie erzeugt einen weiteren interessanten Effekt.

Malen: vier prozess-orientierte Vorschläge

Es ist für Kinder immer wieder spannend, neue Arten des Malens zu entdecken. Immer wenn sie meinen, alles ausprobiert zu haben, taucht eine weitere neue Möglichkeit auf. Die folgenden vier Herangehensweisen an das Malen sind bei Kindern besonders beliebt und von Erwachsenen einfach vorzubereiten. Probieren Sie eine oder alle aus!

Rollen

Das brauchen Sie

- Temperafarbe
- kleine Tabletts oder ein Backblech
- Farbrollen, verschiedene Größen
- großes Papier
- Klebeband

Das tun Sie

- Geben Sie die Temperafarbe auf kleine Tabletts oder auf ein Backblech.
- Befestigen Sie mit Klebeband ein großes Stück Papier auf dem Tisch oder an der Wand.
- Stellen Sie den Kindern verschiedene Farbrollen zur Verfügung.

Das tun die Kinder

- Jedes Kind wählt eine Farbrolle.
- Ermuntern Sie die Kinder, die Farbrolle durch die Farbe und anschließend über das Papier zu rollen. Das Papier bietet genügend Platz zum Experimentieren und Erforschen.
- Motivieren Sie die Kinder zu weiteren Entdeckungen mit den Farbrollen, z. B. lange und kurze Spuren zu hinterlassen, die Farbrolle sanft oder fest beim Rollen zu drücken usw.

Weitere Möglichkeiten

- Befestigen Sie einen großen Bogen Papier mit Klebeband an einem Zaun. Lassen sie die Kinder mit den Farbrollen darüber streichen, sodass das darunterliegende Zaunmuster abgebildet wird.
- Weichen Sie die Farbrollen zum Säubern in einem Eimer mit Wasser ein oder frieren Sie sie bis zur weiteren Verwendung am Folgetag in einer Plastiktüte ein.

Geschichten aus dem Kinderatelier

Fritz hatte riesigen Spaß daran, um den Tisch herumzugehen und seine Farbrolle immer und immer wieder abzurollen. Manchmal rollte er seine Rolle ohne Farbe, manchmal mit Farbe über das Papier. Für Fritz war das Rollen das Entscheidende an dieser Aktivität.

Aufsaugen

Das brauchen Sie

- einen Eimer mit Wasser
- weiße und runde Kaffeefiltertüten
- Zeitungspapier
- Filzstifte auf Wasserbasis
- Pinsel
- einen Becher mit Wasser
- eine Sprühflasche (optional)

Das tun Sie

- Falten Sie die Filtertüten auf und legen Sie sie auf einen Bogen Zeitungspapier.
- Stellen Sie den Becher mit Wasser bereit und legen Sie die Filzstifte sowie die Pinsel dazu.

Das tun die Kinder

- Die Kinder dürfen die Filtertüten mit den Filzstiften bemalen und anschließend die Filzstiftlinien mit einem in Wasser getunkten Pinsel nachzeichnen.
- Die Filzstiftlinien verwischen und verteilen sich durch das Wasser auf dem saugfähigen Filter – ein schöner und magischer Anblick!

Weitere Möglichkeiten

- Lassen Sie die Kinder den Filter mit den Filzstiften bemalen und anschließend mit einer mit Wasser gefüllten Sprühflasche besprühen.
- Die Kinder können auch mit einem nassen Schwamm über die Filzstiftlinien tupfen.

Bunte Bändelei

Das brauchen Sie

- Bänder
- Temperafarbe
- Scheren
- Papier
- Garn, Kordel, Hals- oder Perlenketten (optional)
- nasses Küchenpapier oder Schwämme
- ein Tablett oder einen Tisch

Das tun Sie

- Schneiden Sie die Bänder in 30 bis 60 cm lange Stücke und legen Sie diese auf den Tisch.
- Geben Sie die Temperafarbe auf ein Tablett oder auf einen mit Zeitungspapier abgedeckten Tisch.
- Halten Sie nasses Küchenpapier oder Schwämme bereit, mit denen sich die Kinder ihre Hände abwischen können.

Das tun die Kinder

- Die Kinder tunken die Bänder in die Farbe und ziehen sie hindurch, bis sie vollständig mit Farbe bedeckt sind. Anschließend lassen sie die Bänder auf ein Blatt Papier fallen, um Muster und Abdrücke zu gestalten.
- Regen Sie die Kinder an, ein Band über das Papier zu ziehen oder es darüber zu bewegen, sodass wellenförmige Muster entstehen.
- Lassen Sie die Kinder mit Wolle und Kordeln oder mit Hals- oder Perlenketten experimentieren.

Pustebilder

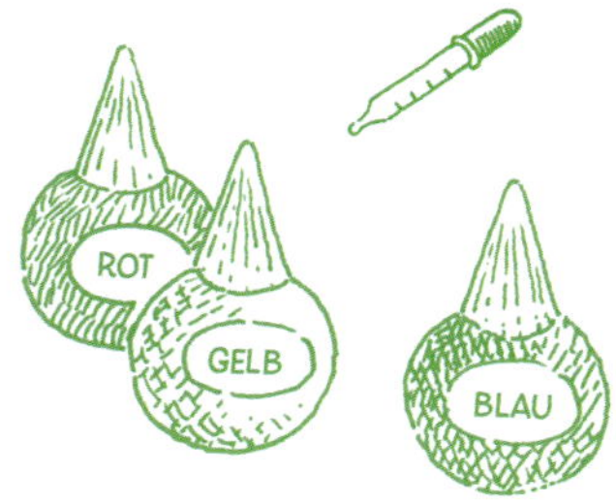

Das brauchen Sie

- eine dicke Nadel
- Trinkhalme
- Wasser
- Lebensmittelfarbe oder Wasserfarbe
- Löffel
- Plastikpipetten, Nasensauger oder Bratenspritze (optional)

Das tun Sie

- Stechen Sie mit der Nadel Löcher in die Plastiktrinkhalme, um zu verhindern, dass die Kinder Farbe aufsaugen. Das Pusten mit dem Trinkhalm ist weiterhin möglich.
- Geben Sie ¼ Tasse (60 ml) Wasser in einen Becher und fügen Sie 2 Teelöffel (10 ml) Lebensmittelfarbe hinzu. Sie können auch dünnflüssig angerührte Wasserfarbe verwenden.
- Legen Sie ein Blatt Papier auf ein Tablett oder Backblech und geben Sie mit einem Löffel ein Klecks Farbe darauf.

Das tun die Kinder

- Die Kinder richten nun die Trinkhalme auf den Farbklecks und pusten. Beobachten Sie gemeinsam das Fließen der Farbe und regen Sie die Kinder an, in verschiedene Richtungen zu pusten.
- Ermuntern Sie die Kinder, das Tablett zu drehen und dann erneut zu pusten, um die Farbe in andere Richtungen fließen zu lassen.
- Andere Luftkunstbilder entstehen, wenn die Kinder die Farbe mit einem Nasensauger oder mit einer Pipette über das Papier fließen lassen. Leere Zerstäuber bzw. Sprühflaschen eignen sich hierzu auch.

Geschichten aus dem Kinderatelier

Bei den Pustebildern versuchten Hanna und Felix wie die meisten Kinder, mit den Trinkhalmen zunächst zu saugen statt zu pusten. Natürlich ging das wegen der Löcher nicht. Beim zufälligen Ausatmen durch die Trinkhalme entdeckten sie, dass sich die Farben zu wundervollen, spinnennetzartigen Mustern ausbreiteten!

Auf Stoff malen!

Kinder bemalen liebend gerne ihre Kleidung. Das Malen auf Stoffresten oder alten, abgetragenen Kleidungsstücken knüpft an die Lebenswelt der Kinder an und lässt sie frei experimentieren, ohne dass ihre Kleidung dabei zu Schaden kommt.

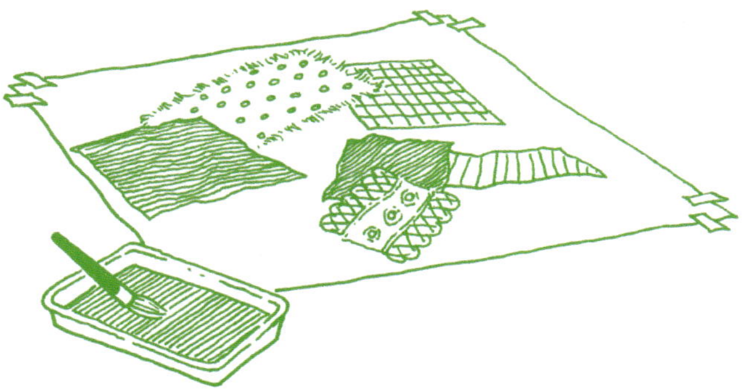

Das brauchen Sie

- Zeitungspapier oder eine Plastiktischdecke
- ausgemusterte Mappen mit Stoffproben (aus einer Polsterei, einem Möbel- oder Stoffgeschäft), alte Kleidungsstücke oder Stoffreste
- Temperafarbe in verschiedenen Farbtönen
- eine Backform oder ein Tablett
- Stoffmalfarbe (optional)
- Pinsel

Das tun Sie

- Decken Sie einen niedrigen Tisch mit Zeitungspapier oder einer Plastiktischdecke ab.
- Nehmen Sie die Mappe mit den Stoffproben auseinander oder schneiden Sie aus alten Kleidungsstücken und Stoffresten Quadrate aus. Legen Sie die Stoffe mit verschiedenen Oberflächenstrukturen auf den Tisch. Integrieren Sie die Kinder bei der Auswahl der Stoffquadrate.
- Geben Sie von jedem Farbton der Temperafarbe einen Klecks auf die Backform oder auf das Tablett und legen Sie einen Pinsel zu der Farbe.

Das tun die Kinder

- Die Kinder tragen die Farbe mit den Pinseln auf die Stoffquadrate auf.
- Beobachten Sie gemeinsam mit den Kindern, wie sich die Farbe auf den verschiedenen Stoffoberflächen verhält. Wird sie an allen Stellen des Stoffs aufgesaugt? Lässt sie sich leicht auftragen?

Tipps

- Die Kinder können die Stoffe vor dem Bemalen in die Hand nehmen und die unterschiedlichen Oberflächen fühlen.
- Die Temperafarbe blättert nach dem Trocknen vom Stoff ab. Die kleinen Kunstwerke der Kinder sind nicht zum Aufbewahren geeignet. Statt der Temperafarbe kann auch Stoffmalfarbe verwendet werden. Die Farbe bleibt dann dauerhaft an den Stoffquadraten.

Vergessen Sie jedoch nicht: Das Hauptaugenmerk der Aktivität liegt nicht auf dem fertigen Produkt, sondern auf dem Prozess des Schaffens.

Weitere Möglichkeiten

- Lassen Sie die Kinder mit Stoffmalfarbe auf eine weiße Tischdecke malen, die sie als Picknickdecke verwenden können. Stellen Sie sicher, dass die Kinder bei dieser Aktivität Schutzkleidung tragen, da die Stoffmalfarbe nicht mehr entfernt werden kann.
- Legen Sie ein Stück Baumwollstoff auf den Boden oder den Tisch und lassen Sie die Kinder direkt darauf malen, wie auf Papier.

Geschichten aus dem Kinderatelier

Laura hat gemeinsam mit ihrer Mutter aus ihrer alten Lieblingskleidung und aus bemalten Stoffquadraten eine Patchworkdecke genäht, die als Picknickdecke der Familie genutzt wird. Laura sieht jedes Mal, wenn die Decke ausgebreitet wird, die Stoffstücke ihrer roten Lieblingscordhose und ihres pastellfarbenen Babyunterhemds, die bei jedem Picknick für Gesprächsstoff sorgen. Laura möchte immer auf diesen Stoffquadraten sitzen. Es sind ihre besonderen Picknickquadrate!

Malen auf Patchworkpapier

Kleben Sie unterschiedliche Papiersorten zu einer riesigen „Papier-Patchworkdecke“ zum Bemalen aneinander. Die Kinder haben beim Bemalen der verschiedenen Oberflächenstrukturen viel Spaß und entdecken dabei die unterschiedlichen Reaktionen des Papiers auf die Farbe.

Das brauchen Sie

- unterschiedliches Papier in gleicher Größe (siehe Liste unten)
- Klebeband
- Temperafarbe (ein oder mehrere Farbtöne)
- eine flache Schale
- Pinsel

Verschiedene Papierarten

- Backpapier
- Bastelpapier
- Folie
- Geschenkpapier
- glattes und zerknülltes Zeitungspapier
- Küchenpapier
- Papiertüte
- Poster
- Tapete
- Wachspapier

Das tun Sie

- Kleben Sie die Papierstücke aneinander, sodass eine große Patchworkdecke aus Papier entsteht. Die „Decke“ sollte einen Tisch in kindgerechter Höhe bedecken.
- Befestigen Sie die Papierdecke am Rand mit Klebeband am Tisch, um beim Bemalen ein Wegrutschen zu verhindern.
- Geben Sie die Temperafarbe in die flache Schale und legen Sie die Pinsel hinein. Stellen Sie den Kindern bei Bedarf mehrere Schalen mit verschiedenen Farbtönen zur Verfügung.

Das tun die Kinder

- Die Kinder malen nun an beliebigen Stellen auf der Papierdecke.
- Beobachten Sie gemeinsam mit den Kindern, wie sich die Farbe auf saugstarkem Papier, wie z. B. Bastelpapier, und auf abweisendem Papier, wie z. B. Folie oder Wachspapier, verhält.

Tipps

- Für die erste Durchführung der Aktivität bietet es sich an, wenige Papierstücke für eine „Decke“ zu verwenden. Weiten Sie das Papierangebot und die Größe der Papierdecke schrittweise aus, sobald die Kinder weitere Fertigkeiten erworben haben oder Arbeiten auf dem Boden bewältigen können.
- Lassen Sie die Kinder zuerst die Papierstücke anmalen, die Sie dann gemeinsam zu einer Decke zusammenkleben.

Geschichten aus dem Kinderatelier

Julia bemalte bei ihrer „Papier-Patchworkdecke“ jedes Papierstück mit roten Kreisen und war fasziniert davon, wie unterschiedlich sich die Farbe auf den verschiedenen Papiersorten verhält. Manche Kinder empfinden diese Wiederholung vielleicht als langweilig, Julia erforschte jedoch still und in Gedanken versunken alle Möglichkeiten.

Regenspritzer

Duschvorhänge sind dafür geschaffen, mit Wasser bespritzt zu werden – warum also sollte man sie nicht als Leinwand für ein regennasses Kunstwerk einsetzen?

Das brauchen Sie

- einen Duschvorhang aus Plastik
- Scheren
- Temperafarbpulver
- leere und saubere Gewürz-, Salz- oder Pfefferstreuer
- einen Schuhkarton oder Korb
- Platz im Freien
- einen Regentag (Sollte es nicht regnen, füllen Sie eine Gießkanne mit Wasser.)

Das tun Sie

- Warten Sie mit der Durchführung dieser Aktivität auf einen milden, regnerischen Tag (ohne starken Wind, ohne Blitz und Donner!). Ziehen Sie den Kindern die notwendige Regenkleidung an.
- Schneiden Sie einen Duschvorhang in quadratische Stücke (ca. 30 cm mal 30 cm), die die Kinder in der Hand halten und tragen können.
- Befüllen Sie die leeren Gewürz-, Salz- oder Pfefferstreuer mit Temperapulver in verschiedenen Farbtönen.
- Stellen Sie die Streuer zum Transport in einen Schuhkarton oder in einen Korb.
- Helfen Sie den Kindern nach Fertigstellung, ihre Kunstwerke zurück ins Haus zu tragen, um sie trocknen zu lassen.

Das tun die Kinder

- Tragen Sie die Plastikquadrate und Farbstreuer mit den Kindern ins Freie.
- Legen Sie die Quadrate gemeinsam auf das Gras oder auf den Gehweg.
- Die Kinder streuen das Temperafarbpulver beliebig auf die Quadrate. Alternativ können die Kinder auch flüssige Temperafarbe auftropfen.

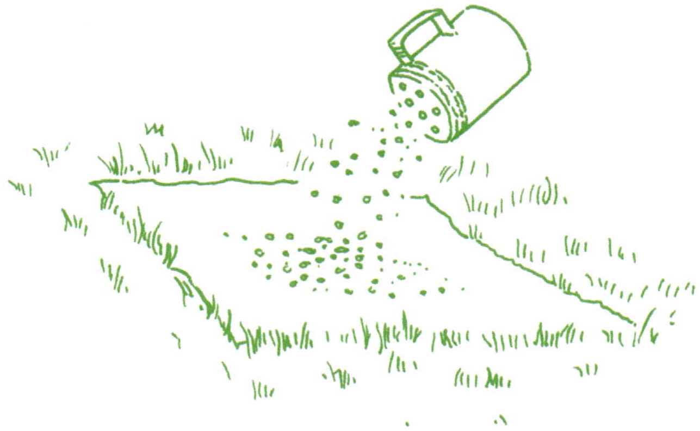

- Sobald der Regen auf das Plastik tropft, wird das Pulverbild zum Leben erweckt. Die Farben verlaufen und vermischen sich ohne Zutun.

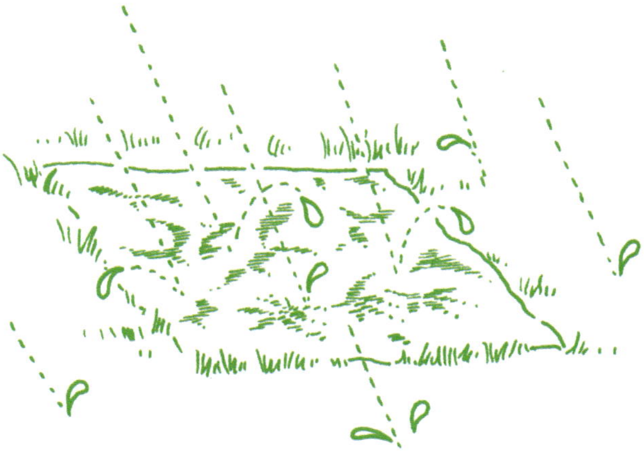

Tipps

- Manchen Kindern fällt es leichter, die Plastikquadrate auf einem Backblech oder einem Plastiktablett zu transportieren.
- Wundern Sie sich nicht, dass die meisten Kinder ihre Finger in die nasse Farbe stecken wollen!

Geschichten aus dem Kinderatelier

Valerie und Ronja nahmen zum ersten Mal an einem Kunstprojekt im Regen teil, deshalb waren sie bei den Vorbereitungen sehr aufgeregt. Die Mädchen legten ihre Plastikquadrate zum leichteren Transport auf Pappteller und bestreuten sie anschließend mit dem Temperapulver in vielen schönen Farben. Los ging das Abenteuer! Valerie und Ronja trugen ihre Pulverkunstwerke geradewegs in den prasselnden Regen! Bei jedem Tropfen, der auf das Plastik und die Farbe prasselte, schrien die Mädchen jedes Mal erfreut auf. Die aufregende Verwandlung vor ihren Augen, von trockener, langweiliger Farbe zu einem nassen und bezaubernden Bild, gefiel ihnen besonders gut.

2 Aktiv mit Teig

Es ist die wichtigste Kunst des Lehrers, die Freude am Schaffen und am Erkennen zu erwecken.

Albert Einstein

Teig, Knete und andere Modelliermassen bieten Kleinkindern unbegrenzte Möglichkeiten zur Erforschung ihrer Motorik und sensorischen Wahrnehmung. Mit Knetmasse können Kinder vieles machen: drücken, ziehen, schneiden, zerpflücken, reißen, boxen und formen – ein wahres Bad aus Sinneseindrücken für die Hände!

Das Endprodukt spielt auch bei der Beschäftigung mit Knetmasse keine Rolle, viel wichtiger ist die Tätigkeit an sich. Egal, welches knetbare Material die Kinder in die Hände bekommen, es wird für sie immer eine neue und wunderbare Erfahrung sein. Nicht alle Kinder werden auf Anhieb die Knetmasse berühren und bearbeiten wollen. Geben Sie zurückhaltenden Kindern ausreichend Zeit und führen Sie sie behutsam an das neue Material heran. Halten Sie zur Reinigung der Hände Schwämme oder Handtücher bereit.

Das Bearbeiten von Knetmasse kann eine ruhige Erfahrung oder ein überschwänglich aktives Vergnügen sein. Die Rolle des Erwachsenen ist es, die Kinder aufmerksam zu beobachten, um auf ihre individuellen Bedürfnisse einzugehen. Das beinhaltet, Materialien und Werkzeuge zur Verfügung zu stellen, sowie das rechtzeitige Beenden oder den Übergang zu einer anderen Aktivität. Abschließend ein treffendes Zitat von Clare Cherry: „Die schönste Erfahrung, die man einem Kind mit Knetmasse ermöglichen kann, ist die, es seine eigene Erfahrung machen zu lassen."

Clare Cherry ist Expertin für frühkindliche Bildung. Sie hat 1953 in San Bernadino (USA) eine Kinderkrippe gegründet und ist Autorin diverser pädagogischer Bücher, u.a. hat sie auch Bücher zu Kunstaktivitäten mit Kindern veröffentlicht.

Das fühlt sich klebrig an!

Kinder matschen und patschen gerne mit klebrigen Materialien. Aus Maismehl und Wasser können Konsistenzen gemischt werden, die unterschiedliche Eigenschaften zeigen: Mit etwas mehr Wasser entsteht eine klebrige Masse, die zäh vom Löffel fällt, mit etwas mehr Mehl entsteht eine feste Masse, die mit den Händen zerdrückt und geformt werden kann. Das Tolle am Experimentieren mit Teig ist, dass alles leicht mit Wasser zu reinigen ist.

Das brauchen Sie

- Maisstärke
- ein stabiles Backblech mit hohem Rand oder eine Spülwanne aus Plastik
- eine Tischdecke oder ein großes Geschirrhandtuch (bei Bedarf)
- Löffel, Messbecher und andere Küchenutensilien
- Lebensmittelfarbe
- Wasser

Das tun Sie

- Geben Sie 2 Tassen (250 g) Maisstärke auf das Backblech oder in die Plastikwanne. Lassen Sie sich dabei von den Kindern helfen. Legen Sie die Tischdecke oder das Geschirrhandtuch unter das Tablett oder die Wanne, um eventuell verschüttetes Mehl aufzufangen.
- Stellen Sie die Lebensmittelfarbe, Löffel, Messbecher und andere Küchenutensilien zum Experimentieren auf den Tisch.
- Füllen Sie in eine Tasse (240 ml) Wasser und stellen Sie diese bereit.

Das tun die Kinder

- Die Kinder stellen sich an den Tisch und fühlen mit ihren Händen die trockene Maisstärke. Die meisten Kinder in diesem Alter können das im Stehen besser als im Sitzen.
- Regen Sie die Kinder anschließend an, das Wasser zur Maisstärke zu geben und alles mit ihren Händen zu vermischen. Wie fühlt sich das an? Sprechen Sie mit den Kindern darüber.
- Kinder lieben Farbe! Fügen Sie einige Tropfen der Lebensmittelfarbe (zwei oder mehr Farbtöne) zu dem Teig hinzu und lassen Sie die Kinder alles mit den Händen vermischen. Beobachten Sie gemeinsam mit ihnen, wie sich die Farben mit dem Teig vermischen.
- Motivieren Sie die Kinder, die Teigmasse mit den Löffeln und den anderen Küchenutensilien zu bearbeiten und zu erforschen.

Tipps

- Kinder, die den Teig unbedingt probieren möchten, können dies tun. Der Teig aus Maisstärke und Wasser ist nicht giftig.
- Der getrocknete Teig lässt sich leicht mit einem Pfannenschaber oder mit einem Kehrblech vom Boden abschaben.
- Der Teig wird durch die Zugabe von Maisstärke fester, die Zugabe von Wasser macht ihn flüssiger.

Geschichten aus dem Kinderatelier

Um die Aktivität und die möglichen Entdeckungen mit dem klebrigen Teig gut vorzubereiten, bereiteten die Betreuerinnen den klebrigen Teig mit Martina und Franziska gemeinsam zu. Keine der beiden hatte zuvor das Vergnügen mit der klebrigen Masse. Nach der Zubereitung versuchten sie, die Mischung von einer Schüssel in eine andere zu schütten. Jan, der Betreuer der Schulkinder, hörte aus dem Zimmer der Kleinkinder lautes Lachen und Gekreische und eilte rasch hinüber, um zu schauen, was dort los war. Erstaunt sah er Martina und Franziska, die mit der mal festen und dann wieder flüssigen Masse den Spaß ihres Lebens hatten. Es dauerte nicht lange, bis auch er seine Finger im Spiel hatte!

Saubere Pampe

Die meisten Kleinkinder haben mit dem Abrollen von Toilettenpapier und dem Bauen eines großen Toilettenpapierberges bereits Erfahrung. Bei dieser Aktivität rollen die Kinder das Papier nicht nur ab, sondern vermischen es zu einer matschigen Pampe. „Saubere Pampe" ist der perfekte Name für diese Mischung.

Das brauchen Sie

- eine Käsereibe
- ein Stück feste Seife
- 3 Rollen Toilettenpapier
- 3 Esslöffel Kleister
- warmes Wasser
- einen großen Plastikbehälter
- Messbecher, Löffel, Stampfer, Schöpfkellen (optional)

Das tun Sie

- Reiben Sie das Stück Seife mithilfe einer alten Käsereibe klein.
- Stellen Sie die unter „Das brauchen Sie" aufgeführten Utensilien auf den Arbeitstisch.

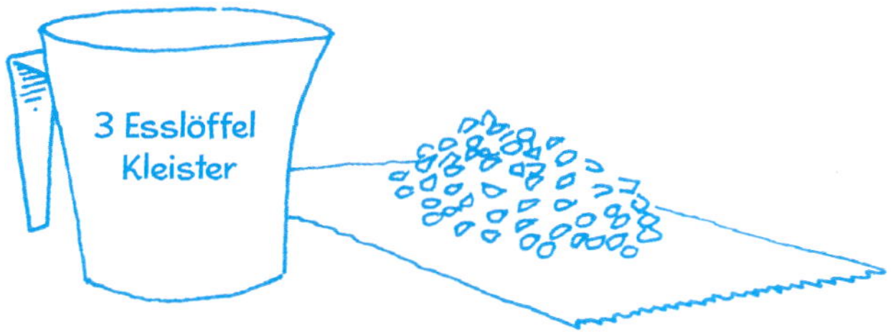

Das tun die Kinder

- Rollen Sie gemeinsam mit den Kindern das Toilettenpapier ab und geben Sie es mit der geriebenen Seife und dem Kleister in den Plastikbehälter. Weichen Sie die Mischung mit ausreichend warmem Wasser auf. Verdoppeln oder verdreifachen Sie die Menge, falls notwendig.

- Regen Sie die Kinder an, die Masse mit ihren bloßen Händen zu vermischen.
- Die Kinder können die pampige Masse nun nach Belieben bearbeiten: quetschen, darin stochern, mit der flachen Hand darauf patschen, die Masse ebnen, sie auspressen usw. Ein wahres Bad der Sinne für die Hände!
- Stellen Sie bei Bedarf weitere Utensilien zum Experimentieren und Bearbeiten der Masse zur Verfügung, z. B. Messbecher, Löffel, Stampfer, Schöpfkellen.

Weitere Möglichkeiten

- Stecken Sie die Toilettenpapierrollen auf kurze Holzstäbe. Die Kinder können das Papier auf diese Weise leichter abwickeln und einen großen, weichen, luftigen Haufen auf dem Boden bilden.
- Rühren Sie die pampige Masse in einer Sandkisten- oder Wasserwanne an.
- Fügen Sie zu der pampigen Masse Lebensmittelfarbe hinzu.

Matschspiele im Freien

Welches Kind matscht und spielt nicht gerne mit nasser Erde oder Sand? Für die Aktivität brauchen Sie lediglich Erde und Wasser sowie ein bisschen Geduld und Verständnis. Kinder brauchen für diese sensorische Erfahrung keine Anleitung.

Das brauchen Sie

- Badekleidung oder Kleidung, die schmutzig werden darf
- Schaufeln
- Erde oder Sand
- einen Wasseranschluss mit Gartenschlauch
- einen Eimer, ein Schüsselchen aus Plastik, Löffel, Becher und Sandkastenspielzeug

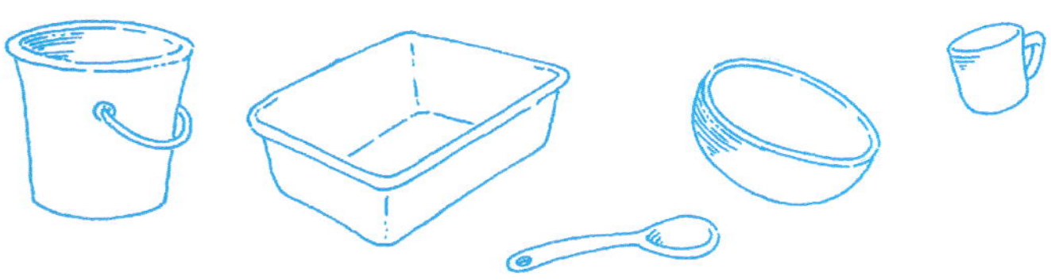

Das tun Sie

- Die Aktivität sollte wegen des matschigen Spiels mit Wasser und Erde an einem warmen Sommertag und im Freien, im Außengelände oder im Garten stattfinden.
- Helfen Sie den Kindern beim Anziehen der Badekleidung.
- Gehen Sie mit den Kindern in den Garten.
- Graben Sie zusammen mit den Kindern ein Loch in den Boden oder Sand, um ihn zu lockern.
- Schließen Sie den Gartenschlauch an und geben Sie mit den Kindern Wasser auf die Erde.

Das tun die Kinder

- Die Kinder setzen sich in oder vor den Matsch. Sie bearbeiten ihn mit ihren Händen und erforschen ihn mit den anderen Hilfsmitteln.
- Motivieren Sie die Kinder, die matschige Erde in ihren Händen zu zerdrücken, zu formen, in ein Schüsselchen zu füllen und dieses umzudrehen. Wie fühlt sich die matschige Erde auf der Haut an? Bleibt sie auf der Haut haften?
- Zur Reinigung können die Kinder einfach mit dem Gartenschlauch abgespritzt werden! Ein warmes Schaumbad oder eine Dusche wird trotzdem nötig sein.

Tipps

- Viele kleinere Kinder mögen schmutzige Hände nicht, vor allem in der Phase der Windelentwöhnung. Wählen Sie in diesem Fall eine andere Aktivität aus.

Weitere Möglichkeiten

Matschkuchen für drinnen: Breiten Sie eine dicke Plane auf dem Boden aus. Mischen Sie Blumenerde oder Sand mit Wasser in einer Plastikwanne an und geben Sie davon etwas auf die Plane. Halten Sie Handtücher bereit. Lassen Sie die Kinder mit der Matschmasse und dem Sandkastenspielzeug hantieren.

Geschichten aus dem Kinderatelier

Kathrin und Svenja erinnern sich noch lebhaft an ihre Kindheit, in der sie im Sandkasten Matschspiele spielten. Kathrins Mutter half ihnen damals, mit dem Gartenschlauch Wasser in den Sandkasten laufen zu lassen. Die Mädchen gruben ein breites Loch und füllten es mit dickflüssigem Matsch. Sie nannten dieses Loch „Die Matschfalle“. Leider oder zum Glück ist nie jemand in diese Falle getapst. Für Kathrin und Svenja, heute 24 Jahre alt, ist das Matschloch das lustigste gemeinsame Erlebnis ihrer Kindheit. Kathrins Mutter erinnert sich nur daran, dass sie die Hälfte des Drecks mit dem Gartenschlauch von den Mädchen entfernte und die andere Hälfte unter der warmen Dusche.

Regenbogen-Beutel

Befüllen Sie einen Plastikbeutel mit teilweise aufgelöster klarer Gelatine und mit Lebensmittelfarbe. Lassen Sie die Kinder den Beutel nach Belieben kneten und formen. Entdecken Sie gemeinsam das Mischen der Farben.

Das brauchen Sie

- 1 ½ Tassen (360 ml) Wasser
- einen Messbecher
- 2 Päckchen klare Gelatine
- einen kleinen Topf
- einen Holzlöffel
- eine Herd- oder Heizplatte
- 3 kleine Schüsseln
- rote, gelbe und blaue Lebensmittelfarbe
- strapazierfähige, wiederverschließbare Plastikbeutel (Gefrierbeutel)
- Klebeband

Das tun Sie

- Bereiten Sie das Regenbogen-Gel zu: Verrühren Sie Wasser und Gelatine in dem kleinen Topf. Sobald sich die Gelatine auflöst (nach ca. 5 Minuten), erwärmen Sie sie unter ständigem Rühren auf kleiner Stufe ca. 3 Minuten lang, bis sie sich komplett aufgelöst hat.

- Nehmen Sie den Topf von der Platte und geben Sie den Inhalt in drei kleine Schüsseln. Geben Sie von den Lebensmittelfarben je einen Tropfen in jede Schüssel und lassen Sie die Gelatine im Kühlschrank abkühlen, bis sie teilweise angedickt ist (ca. 10 Minuten). Rühren Sie während des Abkühlens einige Male um.
- Geben Sie jedem Kind einen Plastikbeutel.

Das tun die Kinder

- Jedes Kind füllt mit den Löffeln etwas von den farbigen Gelatinemischungen in den Plastikbeutel. Die Beutel sollten nicht bis oben befüllt werden.
- Verschließen Sie die Beutel sorgfältig. Um ein Auslaufen zu vermeiden, kleben Sie den Beutel an der verschlossenen Öffnung zusätzlich mit Klebeband ab. Fertig ist der Regenbogen-Beutel!
- Die Kinder kneten und drücken die mit bunter Gelatine gefüllten Beutel nach Belieben. Sie können dabei entdecken, wie sich die Farben vermischen.
- Lassen Sie die Kinder am Tisch, auf dem Boden oder auf dem Schoß arbeiten. Mit dieser Aktivität können auch Autofahrten oder Wartezeiten verkürzt werden!

Tipps

- Vermischen Sie klare Gelatine und Lebensmittelfarbe in einer Schüssel zu einer dickflüssigen Mischung. Da sich die Farben nur langsam vermengen, kann mit der dickflüssigen Masse das Mischen von Farben gut demonstriert werden. Die Kinder haben genügend Zeit zum Beobachten.
- Das Kneten des Regenbogen-Beutels wird von den meisten Kindern als beruhigend empfunden.

Weitere Möglichkeiten

Geben Sie andere Materialien mit oder ohne Färbung zur Erforschung in einen strapazierfähigen Beutel, z. B.

- Wasser und Maisstärke im Verhältnis 1:1,
- Haargel,
- flüssige Stärke,
- Rasierschaum,
- Götterspeise in zwei oder drei Geschmacksrichtungen.

Dehnbarer Spielteig

Weicher und knetbarer Spielteig fühlt sich an wie Brotteig und sieht auch so aus. Beim Verrühren der Zutaten entsteht ein großer Teigberg, der beklopft, geknetet, auseinandergezogen und durchbohrt werden kann.

Das brauchen Sie

- Rezept für den Spielteig:
  - 1 Tasse (240 ml) Pflanzenöl
  - 1 Tasse (240 ml) Wasser
  - 1 Teelöffel (5 ml) Lebensmittelfarbe
  - 4 Tassen (500 g) Mehl
- einen Messbecher und -löffel
- eine Rührschüssel
- einen Holzlöffel
- Malkittel oder Schürzen
- Werkzeuge zum Modellieren und Bearbeiten des Spielteigs (siehe folgende Liste)

Werkzeuge zum Modellieren

- Wellhölzer für Kinder
- Eisstiele
- Essstäbchen
- Gabeln
- Löffel
- Plastikmesser
- Holzkochlöffel
- Spatel
- Trinkhalme

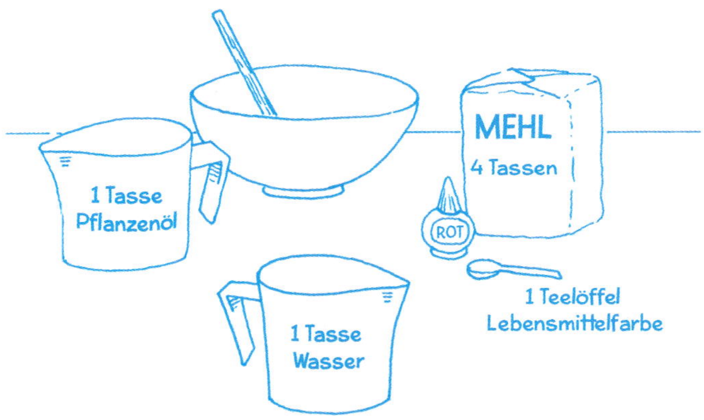

Das tun Sie

- Decken Sie eine empfindliche Tischoberfläche mit einer Plastiktischdecke ab, da der Teig sehr ölig ist.
- Bereiten Sie den Spielteig zu: Verrühren Sie Öl, Wasser und Lebensmittelfarbe in einer Schüssel. Fügen Sie nach und nach das Mehl hinzu. Vermischen Sie die Masse mit einem Holzlöffel oder mit den Händen, bis der Teig zu glatten Kugeln geformt werden kann. Lassen Sie die Kinder bei der Zubereitung helfen.
- Stellen Sie die Werkzeuge zum Modellieren auf dem Tisch bereit.

Das tun die Kinder

- Die Kinder ziehen zum Schutz ihre Schürzen oder Malkittel an, da der Teig sehr ölig ist.
- Legen Sie den Teig auf den Tisch und kneten Sie ihn gemeinsam mit den Kindern weich und geschmeidig.
- Die Kinder erkunden nun den Spielteig: Sie drücken ihn mit den Händen, sie boxen auf ihn, sie ziehen an ihm, sie rollen ihn, sie kneten ihn und durchbohren ihn mit den Fingern.
- Regen Sie die Kinder dazu an, mit den bereitgelegten Werkzeugen den Teig zu modellieren und zu bearbeiten.

Hinweis: Der Teig eignet sich nicht für das Modellieren von Skulpturen, da er nicht die Form hält.

Weitere Möglichkeiten

Bereiten Sie einen fruchtigen Spielteig zu (Rezept siehe unten). Die Kinder werden gerne mit dem fruchtig riechenden und farbigen Teig spielen. Machen Sie sich keine Sorgen, wenn die Kinder den Teig essen – ein Stück dieses extrem salzigen Teigs wird sie davon abhalten, einen zweiten Geschmackstest durchzuführen!

Rezept für fruchtigen Spielteig

- 2 Tassen (250 g) Mehl
- 4 Esslöffel (60 g) Weinstein
- 2 Tassen Wasser
- 2 Esslöffel (30 ml) Öl
- 1 Tasse (250 g) Salz
- ein Päckchen Fruchtgetränkepulver
- Messbecher und Löffel
- Kochlöffel
- Topf
- Herdplatte

Vermischen Sie alle Zutaten in dem Topf und erwärmen Sie die Mischung bei mittlerer Hitze auf der Herdplatte. Erhitzen Sie die Masse so lange, bis sie die Konsistenz von Knetmasse hat und zu einer Kugel geformt werden kann. Geben Sie den Teig auf eine mit Mehl bestreute Tischplatte und kneten sie ihn gemeinsam mit den Kindern, bis er weich und geschmeidig ist. Sie können den Teig auch abkühlen lassen und ihn in einem verschlossenen Behälter verwahren.

Vermengen Sie die Zutaten.

Auf mittlerer Stufe
3 bis 5 Minuten
erhitzen und umrühren.

- Diese Knetmasse ist leicht vom Tisch zu entfernen, da sie gut zusammenhält und nicht krümelt. Sie ist zudem schnell und einfach herzustellen.
- Legen Sie die Werkzeuge zur Reinigung in Wasser ein. Der Teig weicht auf und kann leicht entfernt werden.

Geschichten aus dem Kinderatelier

Max, Daniel und Thomas spielten mit dem Spielteig, jeder von ihnen versunken in seine eigenen Erkundungen. Max begann auf einmal, mit der Faust auf seinen Teigball zu hämmern und nach wenigen Sekunden hämmerten auch Daniel und Thomas auf ihre Klumpen. Alle hatten dabei das gleiche Grinsen in ihrem Gesicht. Das Boxen hat aus einer einzelnen Person eine Gruppe entstehen lassen.

Gummiteig

Der Gummiteig, der auf dem Herd zubereitet wird, ist weich und fühlt sich tatsächlich wie Gummi an. Er eignet sich besonders gut zum Modellieren von runden Formen wie Kugeln und Rollen. Er kann zum Hineinstecken schöner Gegenstände oder zum Abreagieren von überschüssiger Energie verwendet werden.

Das brauchen Sie

- Gummiteig:
  - 1 Tasse (125 g) Maisstärke
  - ½ Tasse (120 ml) kaltes Wasser
  - 1 Tasse (250 g) Salz
  - 1 Tasse (240 ml) heißes Wasser
- einen Messbecher
- eine Rührschüssel und einen Rührlöffel
- einen Topf und eine Herdplatte
- Spielzeughammer aus Holz oder Holzklotz
- einen dicken Rundholzstab oder ein Wellholz
- Gegenstände, die in den Teig gesteckt werden können (s. Liste rechts oben)
- einen Kartondeckel
- einen luftdicht verschließbaren Behälter oder Plastikbeutel

Gegenstände zum Stecken

* Essstäbchen
* Geburtstagskerzen
* Golftees
* Wäscheklammern
* Korken
* große Nudeln
* große Knöpfe
* Holzspatel
* Plastiktiere
* Rührstäbe aus Plastik oder Holz
* Trinkhalme

Das tun Sie

- Bereiten Sie den Gummiteig zu: Vermischen Sie die Maisstärke mit dem kalten Wasser in der Rührschüssel und stellen Sie die Mischung beiseite.

- Geben Sie das Salz und das heiße Wasser in den Topf und bringen Sie die Mischung auf der Herdplatte zum Kochen.

- Fügen Sie anschließend die mit Wasser vermischte Maisstärke in den Topf.

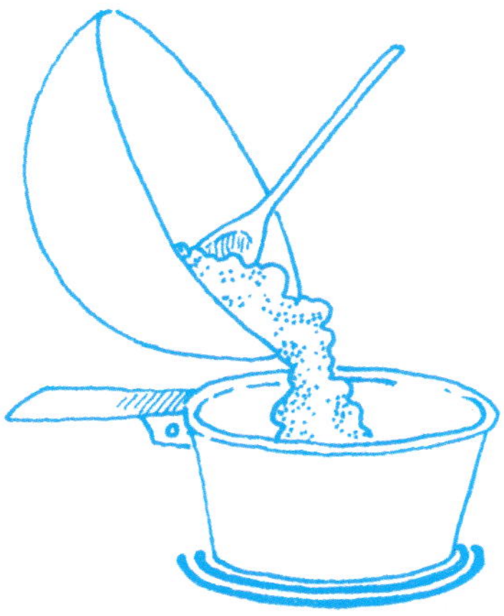

- Kochen Sie die Mischung unter ständigem Rühren auf kleiner Stufe, bis ein trockener und kompakter Teig (ähnlich einem Brandteig) entsteht.

- Nehmen Sie den Topf von der Platte und geben Sie den Teig zum Abkühlen auf einen Tisch oder eine Ablage. Nach dem Abkühlen kneten Sie den Teig weich und geschmeidig.

- Legen Sie die Gegenstände zum Stecken in den Kartondeckel und stellen Sie ihn mit dem Spielzeughammer, Holzklotz, Rundholz oder Wellholz auf den Tisch.

Das tun die Kinder

- Jedes Kind bekommt ein Stück vom Gummiteig und knetet es zunächst weich und geschmeidig.

- Anschließend formen und modellieren die Kinder den Teig nach Belieben. Motivieren Sie sie, den Teig mit den verschiedenen Werkzeugen zu bearbeiten: mit dem Wellholz glätten, mit dem Spielzeughammer Muster in den Teig hämmern, Kugeln rollen, mit dem Spatel Muster einstechen usw.
  Hinweis: Stellen Sie beim Hämmern sicher, dass der Teig auf einer Oberfläche liegt, die dadurch nicht beschädigt wird.
- Jedes Kind wählt für das Dekorieren Gegenstände aus dem Kartondeckel und steckt diese in den Teig. Der Gummiteig wird mit den dekorierten Gegenständen an der Luft getrocknet.

Tipps

- Dieser weizen- und glutenfreie Teig ist auch für Kinder mit Allergien geeignet.
- Wenn der Teig klebrig wird, geben Sie ein wenig trockene Maisstärke auf den Tisch und rollen Sie den Teig darüber.
- Der Gummiteig lässt sich gut in einem luftdicht verschlossenen Behälter verwahren, er trocknet aber schneller aus als andere Knetteige.
- Legen Sie die Skulpturen aus Knetteig zum leichten Transport auf Plastiktabletts. Die Kinder können auf diese Weise ihre Skulpturen tragen, auch wenn sie noch nicht trocken sind.

Knetmasse

Kleinen Kinderhänden fällt es oft schwer, die handelsübliche Knetmasse zu formen. Mit der weichen selbst hergestellten Knetmasse wird das Modellieren zum Kinderspiel: Kinder können sie leicht quetschen, rollen, schneiden, drücken und formen. Die weiche Knetmasse ist einfach herzustellen und kann gut aufbewahrt werden.

Das brauchen Sie

- Rezept für die Knetmasse:
  - 5 Tassen (1,2 l) Wasser
  - 2 ½ Tassen (625 g) Salz
  - 3 Esslöffel (45 g) Weinstein
  - Lebensmittelfarbe (Pastelltöne und kräftige Farben)
  - 10 Esslöffel (150 ml) Pflanzenöl
  - 5 Tassen (625 g) Mehl
- einen Messbecher und -löffel
- einen großen Topf
- einen Holzlöffel
- eine Herdplatte
- Werkzeuge und Materialien zum Bearbeiten der Knetmasse (siehe nachfolgende Liste)
- einen luftdicht verschließbaren Behälter oder Plastikbeutel

Werkzeuge und Materialien zum Bearbeiten der Knetmasse

* Ausstechförmchen
* Federn
* Geburtstagskerzen
* Kämme
* Kartoffelstampfer
* Knoblauchpressen
* Küchenutensilien
* Wellholz
* Plastikmesser
* kleine Spielzeugautos
* Trinkhalme

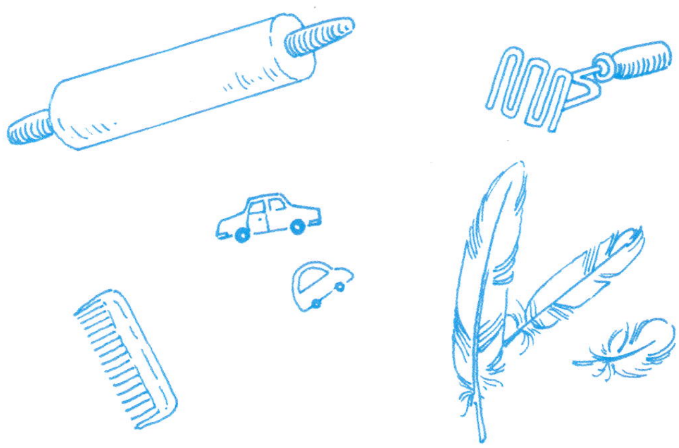

Das tun Sie

- Bereiten Sie die Knetmasse zu: Vermengen Sie das Wasser, das Salz, den Weinstein und die Lebensmittelfarbe (1 Teelöffel für Pastelltöne und 3 Esslöffel für kräftige Farbtöne) in dem großen Topf. Lassen Sie die Mischung auf der Herdplatte unter Rühren auf kleiner Stufe kochen. Wenn die Mischung heiß ist, geben Sie das Öl und anschließend nach und nach das Mehl hinzu.

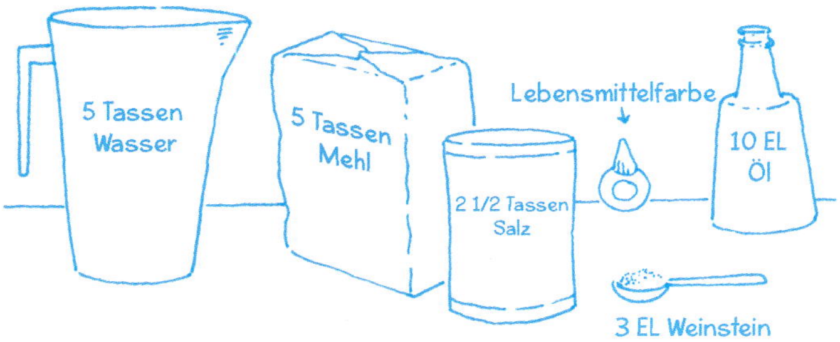

- Rühren Sie weiter, bis die Mischung trocken aussieht und sich vom Topfrand löst. Nehmen Sie den Topf von der Platte und zerdrücken Sie ein Stück Teig zwischen zwei Fingern. Wenn der Teig nicht mehr am Finger kleben bleibt, ist er fertig; ansonsten erhitzen Sie ihn weiter, bis er die richtige Konsistenz hat.

- Geben Sie den Teig auf die Arbeitsplatte und kneten Sie ihn weich und geschmeidig.

Das tun die Kinder

- Geben Sie jedem Kind ein Stück von der warmen (nicht heißen!) Knetmasse zum ausgiebigen Kneten.
- Regen Sie die Kinder an, die Masse ausgiebig mit ihren Händen zu erkunden, indem sie sie kneten, drücken und formen.
- Stellen Sie den Kindern verschiedene Werkzeuge und Utensilien für das Bearbeiten und Entdecken der Knetmasse zur Verfügung. Die Möglichkeiten sind unendlich! Die Kinder können:
  - die Masse mit einem Kartoffelstampfer zerdrücken,
  - den Teig mit einem Wellholz flach ausrollen und Formen ausstechen,
  - mit der Knoblauchpresse spaghettiähnliche Fäden aus dem Teig pressen,
  - lange, warme Rollen formen und sie mit einem Plastikmesser schneiden,
  - Geburtstagskerzen und Trinkhalme in die Knetmasse stecken.
- Verwahren Sie die Knetmasse nach Beenden der Aktivität in einem luftdicht verschließbaren Behälter oder Plastikbeutel auf, um sie wieder zu verwenden.

Weitere Möglichkeiten

- Rezept für eine Portion: Bereiten Sie aus 1 Tasse (240 ml) Wasser, ½ Tasse (125 g) Salz, 2 Teelöffel (10 g) Weinstein, ½ bis 2 Teelöffel (2 bis 10 ml) Lebensmittelfarbe, 2 Esslöffel (30 ml) Pflanzenöl und 1 Tasse (125 g) Mehl eine kleinere Menge Knetmasse zu (Arbeitsschritte links).
- Bereiten Sie mehrere Portionen Knetmasse in unterschiedlichen Farbtönen zu und lassen Sie diese von den Kindern vermischen.
- Mischen Sie der Knetmasse interessante Düfte oder Materialien bei, z. B. Shampoo, Duftöl, Reis oder Sand.

Geschichten aus dem Kinderatelier

Susanne formte und drückte ihren Knetteig in mindestens zehn kleine Ausstechförmchen. Als sie fertig war, betrachtete sie ihre Kunstwerke und sagte, während sie auf jede einzelne Form zeigte, leise zu sich selbst: „Ein Keks für Papa, einen für Mama, einen für Julius, einen für Ralf, einen für Susanne …". Das Aufteilen der Kekse ist eine erste und grundlegende mathematische Erfahrung. Susanne hatte eine Menge in Teilmengen zerlegt!

Gipsskulpturen aus dem Beutel

Das Herstellen von Gipsskulpturen als magisches Erlebnis! Die Kinder drücken auf einem Beutel mit Wasser und Gips herum, plötzlich wird es warm, dann fest und – fertig ist die Skulptur. Ein schönes Zusammenspiel von Wissenschaft und Kunst.

Das brauchen Sie

- Temperafarben (zwei oder drei Farbtöne)
- eine flache Schüssel oder ein kleines Tablett
- Pinsel
- Gips, 1 Tasse (125 g) pro Beutel
- Wasser, ½ Tasse (120 ml) pro Beutel
- strapazierfähige, wiederverschließbare Beutel (in der Größe von Frühstücksbeuteln)

Das tun Sie

- Geben Sie die Temperafarben in die flache Schüssel. Stellen Sie diese mit den Pinseln auf dem Tisch bereit.
- Füllen Sie für jedes Kind den Gips und das Wasser in einen Plastikbeutel. Lassen Sie sich beim Befüllen der Beutel von den Kindern helfen.

- Drücken Sie so viel Luft wie möglich aus dem Beutel und verschließen Sie ihn. Zum Schließen können Sie alternativ eine Klammer oder einen Druckverschluss verwenden.

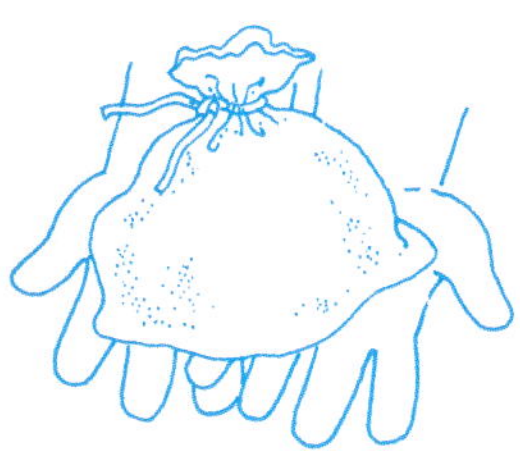

- Geben Sie jedem Kind einen Beutel.
- Lassen Sie den Gips nach der Aktivität trocknen. (Das dauert nur wenige Minuten.) Schneiden Sie den Plastikbeutel auf und helfen Sie den Kindern ihn zu entfernen. Jeder Beutel wird nach dem Trocknen ein einzigartiges Kunstwerk beinhalten.

Das tun die Kinder

- Die Kinder quetschen und kneten den Beutel, bohren und drücken mit den Fingern darauf herum. Sobald sich der Gips und das Wasser vermischen, verhärtet die Mischung zu einer Form. Warten Sie mit den Kindern einige Minuten, bis die Gipsform tatsächlich trocken ist.
- Schneiden Sie den Beutel auf und helfen Sie den Kindern, die Gipsform aus dem Beutel zu befreien. Jedes Kind hat sein individuelles und handgefertigtes Kunstwerk erstellt.
- Die Kinder malen das trockene Gips-Kunstwerk mit den Pinseln und den Temperafarben in der Schüssel an. Die Farben können in der Schüssel oder direkt auf dem Kunstwerk gemischt werden. Die Kinder stellen die Gipsformen an einen sicheren Ort zum Trocknen.

Tipps

- Verwenden Sie für die Gipsmischungen zwei Plastikbeutel, einige Kinder könnten beim Mischen impulsiv vorgehen und am Beutel reißen.
- Sie können das Mischen von Gips und Wasser einfacher oder schwieriger gestalten, indem Sie eine größere oder kleinere Menge in den Beutel geben.

Weitere Möglichkeiten

Für ein farbiges Gips-Kunstwerk können Sie zu der Wasser-Gips-Mischung zusätzlich Lebensmittel- oder Temperafarbe in den Beutel geben und von den Kindern drücken und kneten lassen.

Geschichten aus dem Kinderatelier

Tim und Lena drückten für die Gipsskulpturen gut gelaunt auf dem matschigen Gemisch im Beutel herum. Plötzlich spürten sie voll Erstaunen, wie der kühle Gips unter ihren Händen warm wurde. Sie legten die Beutel gleichzeitig auf den Tisch, schauten sich überrascht an und Tim stellte fest: „Meiner ist gekocht!"

Knitternde und knisternde Folie

Aluminiumfolie lässt sich gut zusammenknüllen und macht herrlich metallische Geräusche. Kinder zerknittern ein Stück Aluminiumfolie, bis es viele Falten und Furchen hat. Nach dem Zusammendrücken verschiedener Knetmassen eine neue Erfahrung für die Kinder.

Das brauchen Sie

- besonders reißfeste Aluminiumfolie

Das tun Sie

- Teilen Sie die Aluminiumfolie in mehrere Stücke.
- Geben Sie jedem Kind ein Stück Aluminiumfolie.

Das tun die Kinder

- Die Kinder können mit der Aluminiumfolie frei experimentieren und sie dabei entdecken: drücken, knautschen, falten, rollen und pressen.

- Die Folie wird von den Kindern anschließend wieder aufgefaltet. Wie sieht die Folie jetzt aus? Schauen Sie gemeinsam mit den Kindern die Falten und Strukturen an.

Weitere Möglichkeiten

- Die Kinder formen aus der Aluminiumfolie Kugeln und stampfen anschließend auf diese. Die platt gestampften flachen Formen, die daraus entstehen, kleben Sie gemeinsam auf bunte Pappe, um sie auszustellen.
- Die Alufolie kann von den Kindern auch um Gegenstände gewickelt, in modellierte Skulpturen eingebaut oder mit den Händen bemalt werden.

Geschichten aus dem Kinderatelier

Bettina zerknüllte ihr Stück Aluminiumfolie, drückte und bohrte darauf herum, bis ein zerknitterter Ball daraus entstand. Danach faltete sie die Folie auseinander und breitete sie vorsichtig auf dem Tisch vor sich aus. Sie drückte sie flach und versuchte, alle Falten herauszustreichen: „Glanz ist weg!" Bettina zerknüllte ihre zerknitterte Folie wieder zu einer Kugel, legte sie auf den Boden und sprang mit beiden Füßen darauf, bis sie zu einem sehr flachen „Folien-Pfannkuchen" geworden war. Bettinas Gesichtszüge hellten sich auf und sie grinste zufrieden.

Skulpturen aus Brotteig

Der Duft von frisch gebackenem Brot erfreut junge und alte Menschen gleichermaßen. Das gilt auch für dieses einfache Brotrezept mit seinem köstlichen Geruch und dem herrlichen Geschmack. Die Kinder mischen mit Unterstützung der Erwachsenen den Teig, formen und backen ihn. Zuletzt essen alle zusammen die entstandenen Kunstwerke!

Das brauchen Sie

- Zutaten für den Brotteig:
  - 1 Tasse (240 ml) Wasser
  - 1 Teelöffel (7 g) Zucker
  - 1 Esslöffel (20 g) Trockenhefe
  - 1 Tasse (125 g) Mehl
  - 1 Esslöffel (15 ml) Speiseöl
  - 1 Teelöffel (7 g) Salz
- einen Messbecher und einen Löffel
- eine Rührschüssel und einen Holzkochlöffel
- eine Arbeitsfläche
- ein sauberes Handtuch
- einen Backofen
- Küchenutensilien zum Bearbeiten und Gestalten des Teigs, z. B. Plastikmesser, Gabeln, Zahnstocher oder Holzspieße
- ein Backblech und Backpapier
- ein Kuchengitter

Das tun Sie

- Vergewissern Sie sich, dass alle Kinder ihre Hände gewaschen haben. Stellen Sie alle Zutaten bereit.
- Verrühren Sie gemeinsam mit den Kindern Wasser, Zucker und Trockenhefe in einer Schüssel, bis die Hefe aufgelöst ist (ca. 2 bis 3 Minuten).

- Fügen Sie eine Tasse des Mehls hinzu und rühren Sie beides mit dem Holzkochlöffel kräftig um, bis die Masse glatt ist. Fügen Sie das Öl und Salz hinzu sowie eine weitere Tasse Mehl. Rühren Sie wieder alles um.

Kräftig umrühren!

- Geben Sie den Teig auf die mit Mehl bestreute Arbeitsfläche und kneten Sie ihn durch. Fügen Sie nach und nach mehr Mehl hinzu, so lange, bis der Teig nicht mehr an den Händen kleben bleibt und eine kompakte Masse bildet.
- Geben Sie den Teig in eine mit Öl gefettete Schüssel und bedecken Sie ihn mit einem Handtuch. Lassen Sie ihn an einem warmen Ort ca. 45 Minuten gehen. Kneten Sie ihn dann zu einer weichen Kugel.
- Teilen Sie den Teig in kleine Portionen, für jedes Kind eine.
- Heizen Sie den Backofen bei 200 °C (Ober- und Unterhitze) vor.
- Stellen Sie die Küchenutensilien zum Bearbeiten des Teigs und etwas Mehl auf dem Tisch bereit. Geben Sie jedem Kind eine Teigportion.

Das tun die Kinder

- Die Kinder kneten ihre Teigportion zunächst kräftig durch. Anschließend formen und gestalten sie sie mit den Händen und mit den bereitgestellten Küchenutensilien.

- Legen Sie gemeinsam mit den Kindern die gestalteten Skulpturen aus Teig auf das mit Backpapier ausgelegte Backblech.
- Backen Sie die Kunstwerke im unteren Teil des Ofens ca. 15 bis 20 Minuten goldgelb. Große Brotskulpturen brauchen vermutlich länger.
- Nehmen Sie die Kunstwerke aus dem Ofen und lassen Sie sie auf dem Kuchengitter abkühlen.
- Essen und genießen Sie die selbst gestalteten Brote gemeinsam!

Tipps

- Die Kinder wollen beim Mischen und Kneten sicherlich helfen. Stellen Sie eine kleine Schüssel mit Mehl auf den Tisch, in die die Kinder ihre Hände tauchen können, sodass der Teig nicht an ihren Händen kleben bleibt. Die Kinder werden das Hantieren und Fühlen des Mehls ebenso genießen wie das Kneten des Teigs.

Geschichten aus dem Kinderatelier

Oliver hatte erst ein einziges Mal mit Teig zu tun, nämlich, als er seiner Mutter beim Plätzchenbacken half. Er hatte Spaß daran, den Teig zu kneten und daraus ein kleines Kunstwerk zu formen. Als er nach dem Backen die nun nicht mehr weißen Brotskulpturen aus dem Ofen erblickte, rief er mit freudigem Gesicht: „Kekse!“

Figuren aus Salzteig

Kinder erforschen und gestalten Formen aus Salzteig. Anschließend drücken sie zur Dekoration eine Auswahl an Collagematerialien in ihre Kunstwerke, die gebacken oder luftgetrocknet zu lange haltbaren Skulpturen werden.

Das brauchen Sie

- Grundrezept für Salzteig:
  - 4 Tassen (500 g) Mehl
  - 1 Tasse (250 g) Salz
  - $1\frac{3}{4}$ Tasse (300 ml) warmes Wasser
  - Messbecher
  - Rührschüssel und Löffel
- Material für Collagen (siehe Liste Seite 70 ff.)
- Platzdeckchen aus Kunststoff (optional)
- einen verschließbaren luftdichten Behälter
- eine Muffinform, einen Pappbecher und ein Tablett oder andere Behälter
- ein flaches Backblech
- einen Backofen (optional)
- einen Spatel
- Temperafarbe und Pinsel
- eine flache Schüssel
- Pappteller

Collagenmaterial für die an der Luft trocknenden Kunstwerke

- Blätter
- Eisstiele
- Federn
- Geburtstagskerzen
- Stöcke oder Zweige
- Trinkhalme

Collagenmaterial für die im Ofen gehärteten Kunstwerke

- Aquariumkies
- Kieselsteine
- Muscheln

Das tun Sie

- Bereiten Sie den Salzteig zu: Verrühren Sie das Mehl, das Salz und das warme Wasser in einer Schüssel zu einem glatten Teig. Kneten Sie den Teig vor dem Bearbeiten ca. 5 bis 10 Minuten. Die Menge kann auch problemlos halbiert oder verdoppelt werden.
- Legen Sie vor jedes Kind ein Platzdeckchen aus Kunststoff. Geben Sie eine kindgerechte Menge Teig auf jedes Deckchen. Die Kinder können alternativ auch direkt auf dem Tisch arbeiten.
  Hinweis: Der Teig trocknet an der Luft. Verwahren Sie die Teigreste in einem verschließbaren luftdichten Behälter.
- Sortieren Sie die Materialien für die Collage in die Vertiefungen der Muffinform oder in Pappbecher, die Sie auf ein Tablett stellen.

Das tun die Kinder (mit Ihrer Hilfe)

- Lassen Sie die Kinder mit dem Teig frei experimentieren und spielen: Durch Stoßen, Drücken, Rollen und Plätten kann seine Form verändert und gestaltet werden.
- Die Kinder dekorieren anschließend ihre Salzteigform, indem sie Stöcke, Zweige oder andere Materialien hineinstecken (siehe Liste auf der linken Seite). Denken Sie daran, dass manche Materialien zum Härten im Ofen und andere zum Trocknen an der Luft geeignet sind. Entscheiden Sie entsprechend der verwendeten Materialien, ob die Kunstwerke an der Luft oder im Ofen getrocknet werden.
- Legen Sie die Kunstwerke gemeinsam mit den Kindern auf das flache Backblech, wo sie mehrere Tage an der Luft trocknen können, oder geben Sie sie zum Härten in den Backofen. Gehen Sie dabei folgendermaßen vor: Backen Sie die Kunstwerke auf dem Backblech ca. 1 Stunde bei 170 °C. Die Backdauer ist abhängig von der Dicke des Teigs – als Faustregel gilt die Berechnung von 30 Minuten Backzeit pro 1 mm Teigdicke. Besonders dünne Salzteigkunstwerke werden schnell fertig sein und bedürfen sorgfältiger Beobachtung, um ein Anbrennen zu verhindern. Lassen Sie die Kunstwerke abkühlen.
- Wenn die Teigkunstwerke getrocknet oder gebacken sind, geben Sie die Temperafarbe in eine flache Schüssel.
- Regen Sie die Kinder an, die Salzteigkunstwerke mit Temperafarbe zu bemalen. Lassen Sie die fertig bemalten Kunstwerke auf Papptellern an der Luft trocknen.

Tipps

- Das Mischen der Teigzutaten und das Zuschütten von Wasser sind für die Kinder die schönsten Arbeitsschritte.
- Der Salzteig ist nicht zum Verzehr geeignet. Sollten die Kinder den Teig dennoch zu sich nehmen, fügt er den Kindern keinen Schaden zu.
- Die Kinder können auch auf Tabletts, einem abgedeckten Tisch oder direkt auf der Tischplatte arbeiten.

Weitere Möglichkeiten

- **Glasur:** Eine glänzende Oberfläche entsteht, wenn sie die fertigen Skulpturen vor dem Backen mit Eiweiß, Büchsenmilch oder Mayonnaise bepinseln.
- **Handabdruck:** Formen Sie für jedes Kind aus dem Salzteig einen großen, flachen Kreis. Die Kinder drücken ihre Hand in dessen Mitte. Der Abdruck kann anschließend im Backofen gehärtet oder an der Luft getrocknet werden.
- **Ausstechformen:** Rollen Sie den Teig flach aus und stechen Sie mit Ausstechförmchen „Kekse“ oder schöne Formen aus. Pieksen Sie vor dem Backen mit einem Trinkhalm ein Loch in den oberen Rand des „Kekses“. Ziehen Sie nach dem Backen einen beliebig langen Faden durch das Loch, um den „Keks“ zu einem Schmuckstück oder Kettenanhänger zu machen.

Große Perlen aus der Perlenwerkstatt

Jedes Kind ist neugierig und steckt liebend gerne kleine Gegenstände durch Löcher. Sortieren, Stecken und das Auffädeln von Perlen macht Kindern besonders viel Spaß.

Das brauchen Sie

- für selbsthärtenden Salzteig:
  - ¾ Tasse (94 g) Mehl
  - ½ Tasse (125 g) Salz
  - ½ Tasse (62 g) Maisstärke
  - einen Messbecher
  - eine Rührschüssel und einen Rührlöffel
  - warmes Wasser
- Trinkhalme, Essstäbchen oder Zahnstocher
- Plastikmesser
- ein Plastiktablett oder Plastikteller
- Temperafarbe
- eine Kuchen- bzw. Backform
- Pinsel oder Löffel

Das tun Sie

- Bereiten Sie gemeinsam mit den Kindern den Salzteig zu:
  - Mischen Sie das Mehl, das Salz und die Maisstärke in einer Schüssel.
  - Fügen Sie nach und nach das warme Wasser hinzu und vermischen Sie die Masse mit den Händen, bis sie bindet.
  - Kneten Sie die Masse kurz durch.
- Stellen Sie die Trinkhalme, Essstäbchen, Zahnstocher und Plastikmesser in die Mitte des Tisches.
- Legen Sie den Teig in die Tischmitte, um mit den Kindern daraus Perlen zu formen.

Das tun die Kinder

- Die Kinder zwicken sich nun ein Stückchen vom Salzteig ab und rollen es zu einer Kugel. Zeigen Sie den Kindern, wie sie mit den Trinkhalmen, Essstäbchen oder den Zahnstochern ein Loch durch die Kugel bohren. Helfen Sie ihnen dabei.
- Der Teig kann auch gerollt und mit einem Plastikmesser in zylinderförmige Stücke oder Scheibchen geschnitten werden. Helfen Sie den Kindern auch hierbei, Löcher in die Zylinder zu stechen.
- Die Kinder legen die Perlen zum Trocknen auf das Plastiktablett oder den Plastikteller. Das Trocknen dauert ungefähr ein bis zwei Tage. Die Perlen sollten ab und zu gewendet werden, damit sie gleichmäßig trocknen.
- Nach dem Trocknen malen die Kinder die Perlen an. Geben Sie hierfür die Temperafarbe in die Kuchenform. Die Perlen werden direkt in die Farbe, also in die Kuchenform gelegt und mit einem Löffel darin herumgerollt. Die Kinder können die Perlen auch mit einem Pinsel bemalen.
- Lassen Sie die angemalten Perlen vollständig auf dem Plastikteller/-tablett trocknen.
- Die Anleitung zum Auffädeln der Perlen finden Sie bei der Aktivität „Große Perlenfädelei“ auf Seite 50.

Flummiteig

Was für eine aufregende Erfahrung für Kinder! Aus elastischem, dehn- und formbarem Gummiteig entstehen tolle Hopsbälle und Formen.

Das brauchen Sie

- 2 Teelöffel Maisstärke
- 4 Tropfen Maiskeimöl
- 2 Esslöffel Wasser
- Lebensmittelfarbe
- Gefrierbeutel mit Zippverschluss (für die Mikrowelle geeignet)
- Löffel
- eine Mikrowelle

Das tun Sie

- Bereiten Sie den Flummiteig gemeinsam mit den Kindern zu: Geben Sie die Maisstärke, das Maiskeimöl, das Wasser und die Lebensmittelfarbe in den Gefrierbeutel. Schließen Sie die Tüte und mischen Sie die Zutaten durch Kneten und Schütteln der Tüte.
- Die angegebene Menge eignet sich für ein Kind. Bereiten Sie der Anzahl der Kinder entsprechend für jedes Kind einen Flummiteig vor.
- Legen Sie den Gefrierbeutel in die Mikrowelle und schalten Sie auf höchste Stufe. Der Beutel bleibt so lange in der Mikrowelle, bis sich der Beutel prall aufgebläht hat. Nehmen Sie den Gefrierbeutel heraus und lassen Sie ihn kurz abkühlen. Achtung, er könnte noch heiß sein!

(Vgl. auch WDR Fernsehen, Wissen macht Ah! – Rezepte aus der Ah!-Küche – Gummi, www.wdr.de/tv/wissen-macht-ah/archiv/rezepte/gummi.phtml, 2007, abgerufen am: 07.01.2008)

Das tun die Kinder

- Die Kinder holen den warmen Flummiteig aus der Tüte. Regen Sie die Kinder an, den Teig zu kneten und ihn zu einer Kugel oder einem anderen Gebilde zu formen, solange er noch warm ist.
- Ermutigen Sie die Kinder, ihn zum Spaß auf den Boden zu titschen – je runder seine Form, desto gerader wird er nach dem Aufprall nach oben hüpfen. Krumme Formen hüpfen in krumme Richtungen.
- Je trockener der Flummiteig wird, desto besser springt er.

Weitere Möglichkeiten

Helfen Sie den Kindern, den Flummiteig auf einen Comic aus der Sonntagszeitung zu pressen und ihn anschließend vorsichtig hochzuheben. Das Bild wird auf dem Flummiteig haften bleiben.

Geschichten aus dem Kinderatelier

Tom warf seinen Flummi-Klumpen so fest er konnte auf den Küchenboden. Seine Mutter sollte ihn fangen, aber er hatte so viele Beulen, dass er wild umherhüpfte: Erst landete er im Spülbecken, von dort prallte er wieder auf den Boden und rollte schließlich unter den Tisch. Tom bekam einen Lachanfall. Das sind die kleinen Freuden von ein- bis dreijährigen Kindern!

Große Perlenfädelei

Die Kinder fädeln große, selbst gemachte Perlen auf „steife Schnüre“, z. B. dünne Kunststoffröhrchen oder Plastikschnüre. Das „Fädel-Erlebnis“ wird im Vergleich zum Fädeln mit Schnürsenkeln oder Kordeln schnell zum Erfolgserlebnis – eine gute feinmotorische Aktivität für Kleinkinder!

Das brauchen Sie

- dünne Kunststoffschläuche (erhältlich im Fachhandel für Aquarienbedarf, im Baumarkt oder in Bastelgeschäften) oder Plastikschnüre (erhältlich in Bastelgeschäften)
- selbst gemachte Perlen (siehe Aktivität „Große Perlen aus der Perlenwerkstatt“, Seite 48)
- Plastikschalen
- andere Gegenstände zum Auffädeln (siehe nachfolgende Liste), optional

Gegenstände zum Auffädeln

Vorschläge für jüngere Kinder:

- Garnrollen
- große Holzperlen mit großen Fädellöchern
- in kurze Stücke geschnittene Papprollen

Vorschläge für ältere Kinder:

- Kreise aus festem Papier mit 5 cm Durchmesser, in der Mitte gelocht
- Plastiktrinkhalme, zerteilt in Stücke von 3 cm Länge

Das tun Sie

- Beginnen Sie für jedes Kind eine Kette, indem Sie eines der Plastikschnurenden sichern: Fädeln Sie dazu eine selbst gebastelte Perle auf und verknoten Sie diese am Ende der Schnur.
- Legen Sie die Perlen und die anderen Gegenstände zum Auffädeln in die Schälchen und stellen diese auf den Tisch.

Das tun die Kinder

- Jedes Kind wählt eine bereits begonnene Kette und eine Perle. Die Kinder stecken die Plastikschnur durch die Löcher der Perlen und ziehen die Perlen hindurch.
- **Achtung:** Beaufsichtigen Sie Kinder aufmerksam und achten Sie darauf, dass sie die Perlen nicht in den Mund stecken.

- Lassen Sie die Kinder beliebig viele Perlen auffädeln. Ermuntern Sie sie, auch die anderen Gegenstände aufzufädeln (siehe Liste auf Seite 50).
- Ist kein Platz mehr auf der Plastikschnur, verknoten Sie für die Kinder die letzte Perle.

- Ältere Kinder können die Perlen auch auf Schnürsenkel oder Kordeln fädeln. Für eine leichtere Handhabung ist es ratsam, die Kordeln an einem Ende mit Tesafilm zu umwickeln.
- Beim Schneiden der Trinkhalme bietet es sich an, eine Papiertüte darunter zu halten, damit sie nicht überall herumfliegen.

Weitere Möglichkeiten

- Füllen Sie etwas Temperafarbe in einen Plastikbeutel, legen Sie die Perlen hinein und verschließen Sie den Beutel. Geben Sie den Kindern den Plastikbeutel, die ihn nun drücken und knautschen, sodass die Perlen die Farbe annehmen.
- Geben Sie Temperafarbe in zwei Farbtönen sowie mehrere Perlen in eine Papiertüte, verschließen Sie sie mit Klebeband. Die Kinder dürfen die Papiertüten kräftig schütteln, das macht tolle Geräusche und die Perlen färben sich.
- **Perlen-Recycling aus alten Gegenständen:** Halten Sie in Secondhandläden oder auf Flohmärkten nach einem alten Autositzbezug oder Kissen aus Perlen Ausschau. Die Perlen von altem Modeschmuck können ebenso für Kunstaktivitäten verwendet werden. Die Kinder können diese Perlen zusammen mit ihren selbst gestalteten Perlen auffädeln.
- **Ringe aus Tonpapier:** Schneiden Sie Tonpapier in 3 bis 5 cm lange und 2 cm breite Streifen. Kleben oder tackern Sie die Streifen an ihren Enden zusammen. Die Ringe können die Kinder auch zum Auffädeln verwenden.
- **Girlanden aus Papier:** Fahren Sie mit den Schneidekanten einer Schere über lange Papierstreifen, sodass sich die Streifen zu Girlanden kräuseln. Lassen Sie die Kinder die Girlanden um eine Wäscheleine wickeln oder hängen.

Geschichten aus dem Kinderatelier

MaryAnn F. Kohl, die Autorin dieses Buches, bekam von einem Kind eine selbst gemachte Perlenkette geschenkt. Das Kind hatte die Perlen mit Wasserfarben angemalt und auf eine 1 m lange Schnur gefädelt. MaryAnn F. Kohl trägt die Kette noch heute, nach über 15 Jahren ihrer Kunstworkshops!

3 Zeichen setzen

Im Hinblick auf Kreativität ist es unsere Aufgabe, Kindern dabei zu helfen, ihren eigenen Berg zu besteigen und zwar so hoch wie möglich. Mehr können wir nicht tun.

Loris Malaguzzi

Das Stochern mit einem Stock im Sand, der Finger im Pudding, das Kritzeln mit einem Wachsmalstift auf Papier, die Kreidezeichen auf dem Gehsteig – all das sind Zeichen, die Kinder setzen. Für das Kritzeln von Spuren und somit für das Setzen von Zeichen eignet sich eine Vielzahl von Werkzeugen und Materialien. Mit Wachsmalstiften, Kreiden, Rasierschaum, klarem Wasser und vielem mehr entdecken Kleinkinder die Freude an den Kritzeleien und an dem Bewusstsein, dass sie dadurch bleibende Spuren hinterlassen. Mit Wachsmalstiften sammeln Kinder häufig die ersten Erfahrungen. Die Stifte sind leicht verfügbar und die Kinder brauchen bei ihrer Anwendung keine Unterstützung durch Erwachsene. Ein weiteres beliebtes erstes Werkzeug zum Kritzeln ist die Kreide. Sie fühlt sich besonders an und hinterlässt interessante Spuren.

Jedes Kind ist anders und somit hinterlässt auch jedes Kind andere Spuren! Rechnen Sie damit, dass die Kinder auf viele verschiedene Arten und mit unterschiedlichsten Methoden Spuren hinterlassen. Die Kritzel-Spuren entstehen meist aus schwungvollen Arm- und Handbewegungen. Stellen Sie den Kindern deshalb für ihre Erkundungen großes Papier und viel Platz zur Verfügung. Es macht Kindern in diesem Alter viel Spaß, Zeichen zu setzen, und es ist für sie gleichzeitig eine herausfordernde Aktivität, die die Hand-Auge-Koordination, die Motorik und das Experimentieren mit Farben und Mustern fördert.

Sandmalerei

In Sand können Kinder schöne Spuren und Kritzeleien hinterlassen. Legen Sie ein dunkles Blatt Papier auf ein Backblech und geben Sie Sand darauf. Lassen Sie die Kinder mit ihren Fingern oder mit anderen Werkzeugen Muster in die dünne Sandschicht zeichnen. Ganz nebenbei werden interessante Geräusche produziert.

Das brauchen Sie

- ein Backblech mit niedrigem Rand
- dunkles Papier
- Sand (**Hinweis:** Am besten geeignet ist feiner, sauberer Sand aus dem Bastelgeschäft oder Vogelsand.)
- Werkzeuge zum Zeichnen, Malen und Kritzeln, z. B. Plastiklöffel, Eisstiele, Essstäbchen, Trinkhalme

Das tun Sie

- Bedecken Sie den Boden des Backblechs mit dunklem Papier.
- Das Papier bedecken Sie wiederum mit einer 2 cm dicken Sandschicht.
- Rütteln Sie das Blech, bis der Sand gleichmäßig verteilt ist.
- Führen Sie die Aktivität mit den Kindern auf dem Boden oder auf einem niedrigen Tisch aus.

Das tun die Kinder

- Die Kinder fühlen und erforschen den Sand vor dem Zeichnen und Kritzeln.
- Regen Sie sie an, mit ihren Fingern, dem Löffel oder anderen Malwerkzeugen Linien, Kurven und Muster in den Sand zu zeichnen.
- Zeigen Sie den Kindern, wie sie die Muster entfernen können, indem Sie mit der flachen Hand auf den Sand klopfen oder ihn verstreichen.
- **Hinweis:** Rütteln Sie das Blech, um die Muster zu entfernen und den Sand gleichmäßig zu verteilen, sodass ein neues Kunstwerk entstehen kann.

Tipps

- Kinder kennen Sand normalerweise aus dem Sandkasten, der dort in großer Menge vorhanden ist. Von der kleinen Menge Sand auf dem Backblech werden sie fasziniert sein und damit anders spielen.
- Beim Zeichnen im Sand entstehen kratzende Geräusche, je nach Werkzeug ein anderes Kratzen. Machen Sie die Kinder auf die unterschiedlichen Geräusche aufmerksam und motivieren Sie sie zum Experimentieren mit den verschiedenen Werkzeugen.
- Manche Kinder haben nicht gerne Sand an ihren Händen. Halten Sie deshalb ein Handtuch zum Abwischen des Sandes bereit.
- Sie können für die Sandmalerei den Sand auch auf einen flachen Pappkarton statt auf ein Backblech geben.

Geschichten aus dem Kinderatelier

Miriam hat begeistert begonnen, mit ihren Fingern Muster in den Sand zu malen, war jedoch schnell verunsichert, als der Sand unter ihren Nägeln hängen blieb. Nachdem sie bemerkte, dass sie ihre Hände jederzeit an einem feuchten Handtuch abwischen konnte, fühlte sie sich wohler und konnte sich wieder vollständig auf die „Sandmalerei" einlassen.

Zeichen setzen

Mit dem Übergang vom Kritzeln zum Malen sind Filzstifte eines der wichtigsten Malutensilien für Kinder. Basteln Sie mit den Kindern einen Stifthalter, in dem die Filzstifte zugänglich aufbewahrt werden, um jederzeit für Kritzel- und Malaktivitäten zur Verfügung zu stehen.

Das brauchen Sie

- einen selbst gebastelten Stifthalter (siehe Seite 113) oder einen Stiftbecher
- Papier oder Packpapier
- Abdeckband/Klebeband
- dicke Filzstifte

Das tun Sie

- Basteln Sie mit den Kindern einen Stifthalter (siehe Seite 113), um den Kindern jederzeit freies Malen und Kritzeln zu ermöglichen.
- Decken Sie einen niedrigen Tisch über die Ecken hinaus mit Packpapier ab und befestigen Sie dieses mit dem Klebeband.
- Stellen Sie den Filzstifthalter oder den Stiftbecher mit den Filzstiften auf den Tisch.

Das tun die Kinder

- Regen Sie die Kinder an, mit den Filzstiften zu kritzeln und zu malen.
- Zeigen Sie den Kindern, wie man den Stift in der Hand hält.
- Sollten die Kinder Motivation oder Anregung brauchen, malen Sie auf das Packpapier zwei Punkte, die sie fantasievoll miteinander verbinden können.
- **Hinweis:** Die Kinder wählen nach Belieben die Farbe, mit der sie gerade malen möchten. Nach Gebrauch werden die Filzstifte in den Halter zurückgesteckt und können dabei der farbig passenden Kappe zugeordnet werden.

Tipps

- Es kann vorkommen, dass das Abziehen der Filzstiftkappe einigen Kindern Schwierigkeiten bereitet. Lösen Sie die Kappen aller Stifte, sodass sie noch auf dem Stift sind, jedoch leicht abgezogen werden können.
- Sollten die Filzstifte ausgetrocknet sein, tunken Sie sie mehrere Male in Wasser. Der Farbstoff wird auf diese Weise wieder gelöst. Auch wenn der Farbton dadurch heller wird, können Sie diese Methode mehrere Male anwenden, bevor der Filzstift schließlich überhaupt keine Farbe mehr enthält.
- Ein großer Vorteil beim Malen mit Filzstiften ist, dass Kinder mit ihnen leicht und erfolgreich malen können. Selbst ohne großen Druck erzeugen sie große Farbstriche.

Weitere Möglichkeiten

- Lassen Sie die Kinder mit Filzstiften auf nassem Papier malen, um verschwommene Muster zu kreieren.
- Die Kinder malen mit Filzstiften und streichen anschließend Wasser über die Linien, um die Linien und Muster verschwimmen zu lassen.
- Lassen Sie die Kinder mit den Filzstiften experimentieren, indem sie auf unterschiedlichen Materialien malen, z. B. Aluminiumfolie, Wachspapier, Kaffeefiltertüten und Stoff. Beobachten Sie dabei gemeinsam die unterschiedlichen Reaktionen.

Leuchtende Kreidekritzelei

Beim Kritzeln mit Kreide auf einem nassen und dunklen Tonpapier entstehen leuchtend schöne Kreidemuster. Das nasse Papier und das Leuchten der Kreide ist für Kinder eine faszinierende Angelegenheit!

Das brauchen Sie

- Tonpapier in dunklen Farbtönen
- eine Plastikschale
- Wasser
- breite Pinsel oder Putzschwämmchen
- farbige Kreide (Dicke Straßenmalkreide zerbricht nicht so leicht und ist einfach zu greifen.)
- Wachstischdecke

Das tun Sie

- Decken Sie einen niedrigen Tisch mit der Wachstischdecke ab oder legen Sie diese auf den Boden.
- Breiten Sie das Tonpapier auf dem Tisch oder Boden aus. Die Kreide legen Sie daneben bereit.
- Füllen Sie die Plastikschale mit Wasser und stellen Sie sie mit den Pinseln oder Spülschwämmchen ebenso auf den Tisch.

Das tun die Kinder

- Die Kinder tunken die Pinsel oder die Schwämmchen in das Wasser und malen damit über das ganze Tonpapier, bis es vollständig mit Wasser getränkt ist.

  Hinweis: Sie können das Papier alternativ auch selbst unter dem Wasserhahn tränken und zum Malen auf die Wachstischdecke bereitlegen.
- Geben Sie den Kindern genügend Zeit, ihre eigenen Entdeckungen mit dem nassen und auf einmal klebenden Papier zu machen.
- Nach der Befeuchtung des Tonpapiers wählt jedes Kind ein Stück Kreide und malt damit auf das nasse Papier. Prächtige, leuchtende Kreidezeichen entstehen.
- Regen Sie die Kinder im weiteren Verlauf auch dazu an, die Kreide in das Wasser zu tunken und damit zu kritzeln und zu malen.

  Hinweis: Manche Kinder verschmieren die Kreidezeichnungen zusätzlich mit ihren Fingern.

Tipps

- Kinder experimentieren gerne mit allen zur Verfügung stehenden Materialien. Wundern Sie sich deshalb nicht, wenn die Kinder Stückchen vom nassen Papier wegreißen oder die Kreidestücke komplett in das Wasser legen.
- Brechen Sie dünne Kreidestangen vor der Anwendung in zwei Hälften. Die Gefahr des Auseinanderbrechens während des Malens ist auf diese Weise verringert.

Weitere Möglichkeiten

Die Kreide schmiert weniger, wenn Sie das Papier mit Buttermilch oder flüssiger Stärke befeuchten. Das Trocknen dauert dann allerdings länger.

Geschichten aus dem Kinderatelier

Paul malte mit einer blauen Kreide so lange auf dem nassen Tonpapier, bis nur noch kleine Krümelchen übrig blieben. Er drückte die Kreidekrümel mit seinem Finger auf das Papier und zog sie als Streifen über das Papier. Paul stand daraufhin auf, betrachtete mit etwas Abstand sein Bild, rieb sich die Hände und sagte: „Ich bin fertig." Für Paul genügte es, das Malen mit Kreide auf nassem Papier mit nur einer Farbe zu entdecken und zu erforschen.

Mit Kreide und Wasser malen

In Wasser getunkte Farbkreide ist für Kinder ein Malvergnügen der besonderen Art. Vor allen Dingen das Suchen von Pfützen und malen mit Kreide im Freien nach einem Regentag! Nasse Kreide macht durch ihre veränderte Oberflächenstruktur Striche, die dicker und weicher aussehen.

Das brauchen Sie

- kleine Eimer mit Wasser oder eine Pfütze
- einen festen, breiten Pinsel
- eine Spülbürste
- Farbkreide (Am besten eignet sich dicke Straßenmalkreide.)
- Körbchen oder Blechdosen
- einen Gehweg, Hof oder eine Terrasse

Das tun Sie

- Füllen Sie etwas Wasser in die Eimer oder (je nach Wetterlage) suchen Sie draußen auf dem Gehweg oder im Hof nach einer Pfütze.
- Stellen Sie den Pinsel in den Eimer oder legen Sie ihn neben die Pfütze.
- Legen Sie Kreidestücke in einen Beerenkorb, eine Konserve oder in einen Korb und stürmen Sie hinaus.

Das tun die Kinder

- Die Kinder tunken die Kreide in den Eimer mit Wasser oder in die Pfütze und malen oder kritzeln damit auf dem Gehweg.
- Sie können auch etwas Wasser aus den Eimern auf den Gehweg schütten, sodass eine kleine Pfütze entsteht. Mit der Kreide kann dann in der Wasserpfütze gekritzelt werden.
- Regen Sie die Kinder auch dazu an, die Spülbürste in die Wasserpfütze zu tunken und damit auf dem trockenen Gehweg zu malen.
- Zeigen Sie den Kindern, wie sie mit dem nassen Pinsel die Linien durch das Verschwimmen der Kreide verbreitern können.
- Die Spülbürste eignet sich gut, um die Kreidezeichnungen zu entfernen und von neuem zu beginnen.

Tipps

- Verwenden Sie kleine Eimer mit wenig Wasser, die die Kinder leicht anheben und eigenständig tragen können.
- Sollten einige Kinder das Gefühl von Kreide an ihren Händen nicht mögen, wickeln Sie Klebeband um ein Ende des Kreidestücks.

Geschichten aus dem Kinderatelier

Lisa malte auf der Außentreppe ihres Lieblingsnachbarn mit Kreide ein Bild. Der Nachbar freute sich, als er von der Arbeit nach Hause kam und Lisas Bild sah. Mit der Zeit verwitterte das Bild und war kaum noch zu sehen. Der Nachbar war traurig, dass das Bild nicht mehr zu sehen war, und bat Lisa, noch mal ein Bild für ihn zu malen. Lisa wurde älter, dennoch malte sie Jahr für Jahr auf die Außentreppe des Nachbarn schöne Bilder und liebevolle Botschaften – eine Tradition, die sie noch heute fortführt.

Bunter Malspaß auf dem Pappkarton

Die Kinder malen mit den Farben des Regenbogens auf einen riesigen Pappkarton. Dazu werden Farbstifte zusammengebunden und schwungvoll mit großen Armbewegungen über die Pappe gemalt.

Das brauchen Sie

- Wachsmalkreiden oder Buntstifte (Farben des Regenbogens: Rot, Orange, Gelb, Grün, Blau, Violett)
- Abdeckband
- einen großen Pappkarton

Das tun Sie

- Verwenden Sie jeweils drei Wachsmalkreiden oder Buntstifte für ein Bündel und umwickeln Sie es mit dem Abdeckband. Achten Sie darauf, dass sich die Spitzen der Wachsmalkreiden oder der Buntstifte auf der gleichen Höhe befinden.
  Hinweis: Verwenden Sie für die Bündel keine Haushaltsgummibänder, da sie für Kleinkinder ungeeignet sind.
- Der Pappkarton sollte an zwei Seiten offen sein, sodass die Kinder hindurchkrabbeln können. Legen Sie ihn mit den Seitenteilen auf den Boden.
- Legen Sie für jedes Kind ein Wachsmalkreide- oder Buntstiftbündel neben den Karton, zusätzlich einzelne Wachsmalkreiden oder Buntstifte.

Das tun die Kinder

- Die Kinder malen mit den Wachsmal- oder Buntstiftbündeln über den ganzen Karton. Nach Belieben können sie auch die einzelnen Wachsmalkreiden verwenden.
- Regen Sie die Kinder dazu an, die verschiedenen Stellen des Kartons zu bekritzeln: die Oberseite, den untersten Rand, in der Mitte usw. Ermuntern Sie sie auch, während des Malens um den Karton zu laufen oder auf- und abzuspringen.
- Lassen Sie die Kinder in den Karton krabbeln, um den Boden, die Innenseiten und die Decke zu bemalen!

Tipps

- Fragen Sie im Fachhandel für Elektrogeräte nach leeren Kartons von Kühlschränken, Geschirrspülmaschinen, Waschmaschinen oder Fernsehapparaten.
- Kinder spielen liebend gerne mit Pappkartons, auch ohne künstlerische Aktivität. Der abgegrenzte Raum ist wie eine Höhle, in die hinein- und hinausgekrabbelt werden kann, auf die geklettert werden kann, die umgestoßen werden kann usw.

Weitere Möglichkeiten

- Sollte der Karton störende Aufdrucke haben, bekleben Sie ihn vor dem Bemalen mit Packpapier. Befestigen Sie das Papier mit Kreppklebeband oder Klebstoff. Lassen Sie den Klebstoff gut trocknen!
- Stellen Sie Stiftbündel aus unterschiedlichen Stiften zusammen, z. B. Wachsmalkreide mit Filzstiften, Buntstiften und Kreiden. Lassen Sie die Kinder mit diesen Bündeln auf den Karton malen. Die Bündel sind zwar etwas unhandlich, haben aber eine faszinierende Wirkung.
- Bauen Sie für die Kinder ein „Spielhaus", indem Sie mit einem scharfen Messer eine Tür und Fenster in einen großen Karton schneiden. Lassen Sie die Kinder anschließend das Haus nach ihren eigenen Vorstellungen bemalen.

Geschichten aus dem Kinderatelier

Emily saß in einem großen Karton und kritzelte an den Innenseiten herum. Unabsichtlich lehnte sie sich an eine Seite des Kartons, woraufhin er zur Seite umfiel. Im ersten Moment schrie Emily auf, doch schnell begriff sie, dass das ein tolles Spiel war: Den Karton umkippen und wieder aufrichten, wieder umkippen, wieder aufrichten usw. Aus der Kartonmalerei wurde das Kartonumkippspiel!

Wachsmalstifte und Schleifpapier

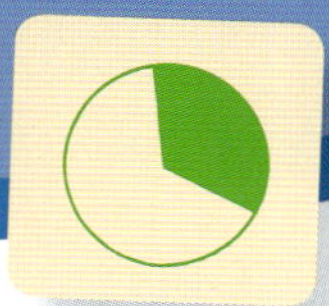

Neue Erfahrungen wie das Malen auf unbekannten Oberflächenstrukturen fördern die Entwicklung des Gehirns. Die Kinder entdecken, wie unterschiedlich das Malen auf einem Stück Schleifpapier und Papier ist! Die raue Seite des Schleifpapiers wird einfach mit einem Wachsmalstiftrest eingefärbt und beim Bügeln schmilzt die Farbe.

Das brauchen Sie

- Schleifpapier
- Wachsmalstiftstummel
- Pappteller
- ein altes Bügeleisen
- Zeitungen

Das tun Sie

- Reißen Sie das Schleifpapier in mehrere Stücke und legen Sie diese mit der rauen Seite nach oben auf dem Tisch aus.
- Die Wachsmalstiftstummel legen Sie auf den Pappteller und stellen Sie diesen auf den Tisch.
- Stellen Sie das Bügeleisen gemeinsam mit einem Stapel Zeitungen außerhalb der Reichweite der Kinder bereit. Schalten Sie das Bügeleisen erst zu einem späteren Zeitpunkt ein.

Das tun die Kinder

- Die Kinder färben mit den Wachsmalstiftstummeln die raue Seite des Schleifpapiers ein. Die Wachsmalstifte werden schnell aufgebraucht sein – allein um diese Erfahrung geht es!
- Bügeln Sie in einem weiteren Schritt das Schleifpapier zwischen zwei Bögen Zeitungspapier. Die Wachsmalfarbe wird durch die Hitze des Bügeleisens in das Schleifpapier schmelzen. Diesen Arbeitsschritt sollten Sie selbst durchführen, ohne dass Sie die Kinder integrieren.
- Betrachten Sie mit den Kindern die gebügelten Schleifpapierbilder und fühlen Sie gemeinsam die glänzende Oberfläche.

Weitere Möglichkeiten

- Lassen Sie die Kinder mit unterschiedlichsten Materialien, die Spuren hinterlassen, auf dem Schleifpapier malen: Zimtstangen, Baumrinde, vertrocknete und in Wasser getauchte Filzstifte, Kieselsteine usw. Beobachten Sie gemeinsam, was passiert.
- Das entstandene Bild aus Wachsmalstift und Schleifpapier können Sie auch auf ein T-Shirt, einen Kissenbezug, eine Serviette, eine Tischdecke oder auf ein anderes Stück Stoff aufbügeln. Legen Sie hierzu einfach die raue und bemalte Schleifpapierseite auf den Stoff und bügeln darüber.
- Befestigen Sie ein Stück Schleifpapier auf einer Warmhalteplatte. Die Kinder können nun auf dem warmen Schleifpapier malen. Die Wachsmalstiftspuren werden sofort schmelzen. Achten Sie darauf, dass die Warmhalteplatte nicht zu heiß eingestellt ist!

Geschichten aus dem Kinderatelier

Während Simon sein Schleifpapier bemalte, überprüfte er immerzu die fortschreitende Kürzung seines Wachsmalstifts. Nur durch wenige Striche war dieser nicht mehr mittellang, sondern kurz. Simon war von der raschen Kürzung des Wachsmalstifts gleichermaßen fasziniert wie von seinem Bild.

Wir kritzeln!

Kritzeln ist ein Muss für Kleinkinder, da es eine Schule der Feinmotorik und die wichtigste Vorstufe des Schreibens darstellt. Die Konfrontation mit immer neuen Materialien und Werkzeugen zum Kritzeln an wechselnden Orten fordert eine hohe Aktivität des Gehirns bei den Kindern.

Das brauchen Sie

- Kombinieren Sie die folgenden Werkzeuge, Materialien und Orte zum Kritzeln (siehe nächste Seite). Ergänzen Sie die Liste durch Ihre eigenen Ideen!

Das tun Sie

- Wählen Sie zu Beginn je ein Werkzeug, ein Material und einen Ort zum Kritzeln aus. Im weiteren Verlauf wählen die Kinder selbst aus.
- Beim Kombinieren der Werkzeuge, Materialien und Orte zum Kritzeln entstehen zahlreiche Möglichkeiten, um die Aktivität zu gestalten, z. B.
  - an der Staffelei mit einem Filzstift auf eine Kaffeefiltertüte kritzeln,
  - unter einem Stuhl mit einem Wachsmalstift auf einen Stein kritzeln,
  - auf einen an der Wand befestigten Pappkarton mit einem in Wasser oder Farbe getränkten Schwamm kritzeln.

Das tun die Kinder

- Die Kinder kritzeln frei mit den gewählten Werkzeugen und Materialien an den gewählten Orten.
- Die Kinder treffen ihre eigenen Entscheidungen, indem sie ihre Werkzeuge, Materialien und den Ort für ihre Kritzeleien selbst wählen.
- Helfen Sie den Kindern bei der Auswahl und beim Wechsel von Materialien und Werkzeugen.

Tipps

- Lassen Sie die Kinder zunächst mit einem Werkzeug, einem Material und an einem Ort beginnen. Zu einem späteren Zeitpunkt können sie verschiedene Werkzeuge auf einem Material ausprobieren.

Werkzeuge

- Eierschalen
- Farben und Pinsel
- Filzstift
- Finger, Hand, Fuß
- Fingermalfarbe
- Holzspatel
- Kohlestift
- Kreide
- Lebensmittelfarbe
- Oliven- oder Babyöl
- Ölpastellkreide
- Pastellkreide
- Schwamm
- Plastikspritzflasche
- Stifte, alle Arten
- Stock
- Textmarker
- Wachsmalkreide
- Wattestäbchen, in Lebensmittelfarbe getunkt

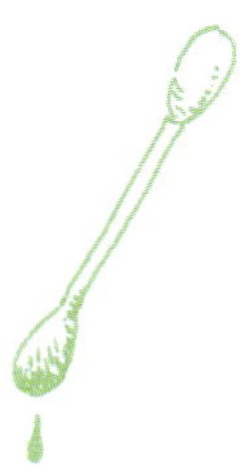

Materialien

- alte Postkarten
- alte Kalender
- alle Sorten Papier, z. B. Ton-, Zeichen-, Back-, Pergamentpapier
- Comics
- Cornflakesschachtel
- Fensterscheiben
- Geschenk- oder Seidenpapier
- Holzpappe
- Holzstück
- Zeitschriften
- Kaffeefilter
- Küchenpapier
- Malbuch
- Origamipapier
- Pappkarton
- Pappteller
- Stein
- Serviette
- Spiegel
- Warmhalteplatte
- Werbeprospekte
- Zeitung

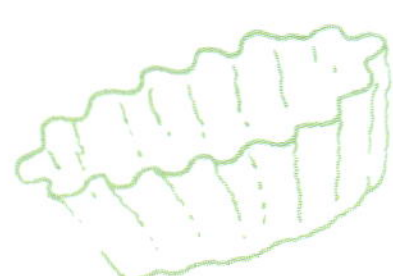

Orte

- auf dem Boden
- auf dem Schoß
- auf der Unterseite eines Tisches
- auf einem Baum
- auf einem Buch oder einer Illustrierten
- auf einem Fenster
- auf einem Gehweg
- auf einem Rasen
- auf einer Staffelei
- auf einem Stuhl
- auf einem Tablett
- auf einer Tür
- auf einer Wand
- auf einem Zaun
- auf jemandes Rücken
- in einem Garten
- in einem Karton
- in einem Park
- in einem Swimmingpool
- in einem Zelt
- unter einem Stuhl
- unter anderem Papier
- unter einem Bett

Tupfen

Kleine Plastikflaschen mit Schwammverschluss eignen sich hervorragend, um eine neue Maltechnik zu entdecken. Füllen Sie die Flaschen mit leuchtender, dünnflüssiger Farbe. Die Kinder tupfen, malen oder machen lustige Kleckse und Blasen.

Das brauchen Sie

- 2 bis 3 kleine Plastikflaschen mit Schwammverschluss (erhältlich bei Kindergartenausstattern)
- Temperafarbe oder Wasserfarbe in 2 bis 3 leuchtenden Farbtönen
- farbiges Papier oder Papier mit strukturierter Oberfläche
- Klebestreifen

Das tun Sie

- Füllen Sie die Flaschen mit der flüssigen Farbe.

- Legen Sie das farbige Papier auf den Tisch und fixieren Sie es bei Bedarf mit Klebestreifen.
- Stellen Sie die Malflaschen ebenso auf den Tisch.

Das tun die Kinder

- Die Kinder drücken die Malflaschen mit den Schwämmchen auf das Papier. Durch Ziehen, Stoßen, Schmieren und Pressen auf und über dem Papier entstehen verschiedene Abdrücke, Muster und Kreationen.
  Hinweis: Besonders begeistert sind die Kinder von den Farbblasen und -spritzern, die beim Aufdrücken der Malflaschen entstehen.
- Lassen Sie die Kinder unterschiedliche Farbtöne ausprobieren und mit verschiedenen Papiersorten experimentieren.

Tipps

- Es kann vorkommen, dass impulsive Kinder anfangs mit den Malflaschen auf das Papier schlagen und hämmern. Zeigen Sie Verständnis für diese natürliche Reaktion und ermuntern Sie die Kinder zu vorsichtigeren Bewegungen.
- Verwenden Sie für das Nachfüllen der Flaschen einen Trichter.

Weitere Möglichkeiten

- **Malen mit dem Schwammkopf-Bürstchen:** Füllen Sie die Farbe in eine Plastikschale und stellen Sie diese gemeinsam mit einigen Spülbürsten mit Schwammkopf auf den Tisch. Die Kinder tunken die Schwammkopf-Bürstchen in die Farbe und tupfen, drücken, ziehen und schmieren sie über das Papier.
- Geben Sie den Kindern zum Bemalen von dunklem Papier oder Holzstücken weiße Schuhcremetuben mit Schwammaufträgern.

Geschichten aus dem Kinderatelier

Tanja entdeckte, wie sie blubbernde kleine Sonnenscheinmuster erzeugen konnte: Einfach, indem sie das Schwämmchen ganz leicht mehrmals auf ihr Papier tupfte.

Drücken und Quetschen

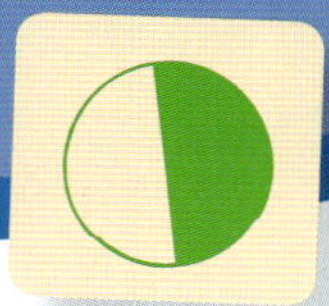

Das Drücken und Quetschen von zähflüssigem Farbteig aus Plastikflaschen ist einfach und fasziniert Kleinkinder. Sie beobachten voll Freude, wie der Teig aus den Plastikflaschen herausquillt und wie sich die Farben auf dem Papier vermischen.

Das brauchen Sie

- 1 Tasse (240 ml) Wasser
- 1 Tasse (250 g) Salz
- 1 Tasse (125 g) Mehl
- Messbecher und Löffel
- eine große Schüssel und einen Holzlöffel
- ein elektrisches Rührgerät, optional
- flüssige Temperafarben, pro Farbe je 1 Teelöffel (5 ml)
- kleine Schüsseln
- festes Papier
- Karton, Pappe, Holzpappe oder eine aufgeschnittene Verpackungsschachtel
- Plastikspritzflaschen, z. B. Spritzflaschen von Kindergartenausstattern, leere Klebstoff-, Ketchup-, Senf- oder Shampooflaschen

Das tun Sie

- Vermischen Sie gemeinsam mit den Kindern Wasser, Salz und Mehl in der großen Schüssel zu einem glatten Teig.
  Hinweis: Wenn Sie leere Klebstoffflaschen verwenden, rühren Sie den Teig einige Minuten mithilfe eines elektrischen Rührgeräts glatt, damit Mehlklümpchen die Öffnung nicht verstopfen.

- Fügen Sie dem Teig die Temperafarbe hinzu, bis er den gewünschten Farbton hat. Für verschiedene Farbtöne teilen Sie den Teig in die kleinen Schüsseln auf und geben Sie in jede Schüssel einen anderen Farbton.
  Für größere Mengen kann das Rezept leicht verdoppelt, verdreifacht oder sogar weiter vervielfacht werden.
- Rollen Sie das feste Papier zu einem Trichter, mit dem Sie den Teig leicht in die Plastikflaschen füllen können. Sie können die Mischung auch mithilfe eines Löffels in die Flaschen füllen.
- Verschließen Sie die Flaschen und stellen Sie sie auf den Tisch.
- Legen Sie für jedes Kind eine Pappe zum Bemalen auf den Tisch.

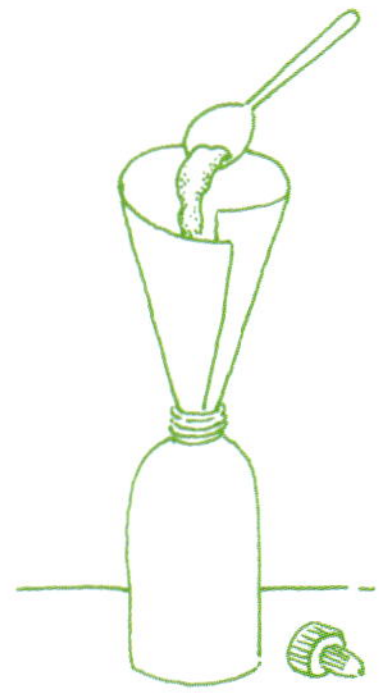

Das tun die Kinder

- Die Kinder drücken die Flaschen zusammen, um die Farbe auf die Pappe zu geben. Die Kinder werden zunächst aus purer Freude drücken und erst später mit der Farbe bewusst malen.
- Ermuntern Sie die Kinder, Farben aus mehreren Flaschen übereinander auf das Papier zu drücken. Beobachten Sie gemeinsam, dass sich die Farben nicht vermischen, sondern interessante Formen bilden.
- Die Kinder legen die Bilder zum Trocknen an einen sicheren Ort. Nach dem Trocknen glänzen und glitzern die Teiggemälde.

Tipps

- Kinder drücken liebend gerne Klebstoffflaschen aus. Bei dieser Aktivität ist das ausnahmsweise erlaubt, ja sogar erwünscht!
- Bereiten Sie genügend Farbteig vor, da er erfahrungsgemäß schnell aufgebraucht wird.
- Für kleine Kinderhände eignen sich am besten Flaschen aus weichem Plastik, die sich leicht zusammendrücken lassen.
- Das „Plopp"-Geräusch der fast leeren Flaschen sorgt bei den Kindern häufig für schallendes Gelächter.

Geschichten aus dem Kinderatelier

Jakob drückte immer weiter auf seiner Flasche herum, bis sie vollkommen leer war. Auf seinem Stück Pappe war ein Haufen aus farbigem Teig in Form von Nudelfäden gelandet. Er grinste und sagte: „Drücken ist toll!"

Magisches Malen und Zeichnen

Verzauberte Zeichnung! Die Kinder zeichnen mit schwarzen Wachsmalstiften auf schwarzem Tonpapier und malen mit Wasser darüber. Beobachten Sie gemeinsam, wie die Wachsmalstiftstriche wie von Zauberhand sichtbar werden.

Das brauchen Sie

- eine flache Schüssel
- Wasser
- schwarzes Tonpapier
- schwarze oder dunkelviolette Wachsmalstifte
- verschiedene Sorten Pinsel

Das tun Sie

- Füllen Sie etwas Wasser in die flache Schale und stellen Sie diese auf den Tisch.
- Legen Sie die Wachsmalstifte, die Pinsel und für jedes Kind ein Bogen schwarzes Tonpapier auf den Tisch.

Das tun die Kinder

- Die Kinder malen mit den schwarzen Wachsmalstiften auf das schwarze Tonpapier.
- Nach dem Malen wählt jedes Kind einen Pinsel und taucht ihn in das Wasser.
- Mit den nassen Pinseln wird nun über die schwarzen Wachsmalstiftlinien und über das schwarze Papier gemalt. Beobachten Sie gemeinsam mit den Kindern, wie sich die Wachsmalstiftzeichnungen plötzlich vom Tonpapier abheben und sichtbar werden.

Tipps

- Pinsel gibt es in vielen Breiten und mit unterschiedlichen Borsten. Lassen Sie die Kinder mit einer Auswahl experimentieren und herausfinden, mit welchem sie am besten malen können.

Weitere Möglichkeiten

Lassen Sie die Kinder auch mit rotem Wachsmalstift auf rotem Tonpapier kritzeln, mit weißem Wachsmalstift auf weißem Papier, mit grünem Wachsmalstift auf grünem Papier usw.

Geschichten aus dem Kinderatelier

Ricarda legte ihr schwarzes Papier wie üblich zum Malen auf den Boden. Im Knien ist es leichter, mehr Druck auf den Stift auszuüben und somit die Farbgebung besser zu kontrollieren. Ricarda hatte zuvor noch nie mit Wachsmalstiften experimentiert, aber ihr gefiel die neue Herausforderung, „feste" zu malen. Als sie ihre Zeichnung mit Wasser übermalte, war sie überrascht und sehr zufrieden, dass ihr Muster jetzt besser zu sehen war. Ricarda fügte mehr Wasser hinzu, um zu überprüfen, was sonst noch passieren würde. Als sich das Projekt nach der Zugabe von Wasser nicht signifikant veränderte, holte Ricarda ein zweites Blatt Papier und begann wieder mit der „kräftigen" Kritzelei.

Widerstand der Wachsmalfarbe

Mit flüssiger Temperafarbe über Wachsmalzeichnungen zu malen und zu beobachten, wie das Wasser vom Wachs zurückgewiesen wird, ist eine grundlegende künstlerische Erfahrung und ein wahres „Aha-Erlebnis" für Kinder.

Das brauchen Sie

- Wachsmalstifte in verschiedenen Farben
- eine Plastikschale
- Papier
- eine flache Schale mit Wasser
- Temperafarbe
- Pinsel

Das tun Sie

- Legen Sie die Wachsmalstifte in die Plastikschale und stellen Sie sie auf den Tisch.
- Platzieren Sie vor jedem Platz oder Stuhl eines Kindes ein Blatt Papier auf dem Tisch.
- Verdünnen Sie die Temperafarbe in der flachen Schale mit Wasser und stellen Sie sie mit den Pinseln zur Seite. Stellen Sie die Schale nach dem Malen mit den Wachsmalstiften auf den Tisch zu den Kindern.

Das tun die Kinder

- Die Kinder malen mit den Wachsmalstiften fest über das Papier. Ermutigen Sie die Kinder während der Aktivität immer wieder, die Wachsmalstifte kräftig auf das Papier zu drücken. Das braucht Kraft, aber das Ergebnis ist umso leuchtender.

Durch Experimentieren und häufiges Wiederholen erkennen die Kinder die Unterschiede zwischen schwach aufgetragenen und stark aufgetragenen Linien.

- Nach dem Malen mit den Wachsmalstiften wählen die Kinder einen Pinsel und tunken ihn in die verdünnte Temperafarbe.

- Die Wachsmalbilder werden nun mit der Farbe überpinselt. Beobachten Sie gemeinsam, wie die wässrige Farbe vom Wachs zurückgedrängt wird.

Tipps

- Das Experimentieren mit der Wasserfarbe ist eine nasse Angelegenheit. Es empfiehlt sich deshalb, den Tisch mit einer Plastiktischdecke oder mit Zeitungspapier abzudecken.

Weitere Möglichkeiten

- Lassen Sie die Kinder mit weißen Wachsmalstiften auf weißem Papier oder mit roten Wachsmalstiften auf rotem Papier usw. malen und das Gemalte anschließend mit Wasser überpinseln. Das plötzliche Erscheinen der Wachsmalstiftzeichnung lässt die Kinder staunen.
- Verwenden sie in jedem Fall wässrige Farben, um deutliche Ergebnisse zu erzielen.

Geschichten aus dem Kinderatelier

Lukas kam zu dem Schluss, dass es beim Malen mit Wachsmalstiften und dem späteren Weichen des Wassers einzig und allein auf seine Muskelkraft ankommt. Er wollte beweisen, dass seine Muskeln all das und noch mehr konnten! Deshalb malte er mit Jumbo-Wachsmalstiften auf großen Papierbögen, um zu zeigen, wie viel Kraft er hat. Lukas malte und malte, bis ihm der Schweiß auf der Stirn stand und am Ende war er sehr stolz auf sein großes „Muskel"-Kunstwerk!

Erste Frottage-Kunstwerke

Das Gestalten mit der Frottagetechnik, also das Durchreiben von strukturierten Oberflächen mithilfe von Stift und Papier, ist eine grundlegende künstlerische Erfahrung für ältere Kinder. Die folgende Herangehensweise ermöglicht es auch jüngeren Kindern, erste Erfahrungen mit dieser Technik zu machen.

Gegenstände für die Frottage

* Blätter
* Küchensieb, Draht, Kuchengitter
* Holzbrett
* Boden einer Kuchenspringform
* eine flache Käsereibe
* ein Stück Kordel
* Knöpfe
* Münzen
* Schlüssel
* zerknitterte Aluminiumfolie
* Steine
* Pappe
* Schuhsohlen

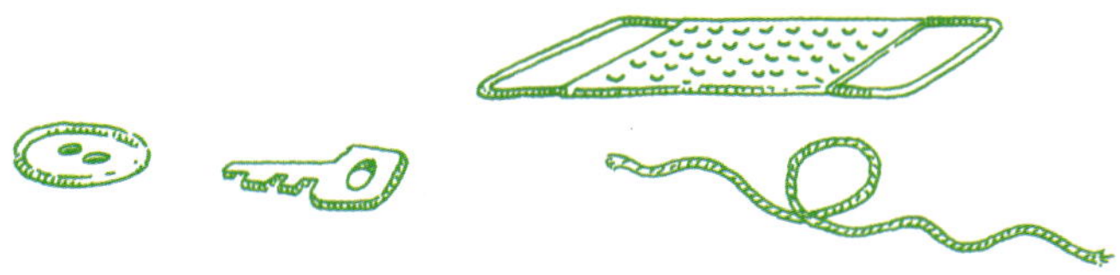

Das brauchen Sie

- Gegenstände mit strukturierter Oberfläche für die Frottage (siehe nebenstehende Liste)
- weißes Papier
- Klebeband
- Ölpastellkreiden, Wachsmalstifte (ohne Papierhülle), alte Filzstifte, Buntstifte oder andere Malutensilien (dunkle Farbtöne wie lila, blau, dunkelrot)

Das tun Sie

- Legen Sie die Gegenstände zum Durchreiben auf einen niedrigen Tisch.
- Legen Sie das Papier mit dem Klebeband ebenso auf den Tisch. Das Papier wird später über die ausgewählten Gegenstände gelegt und mit Klebeband am Tisch befestigt.

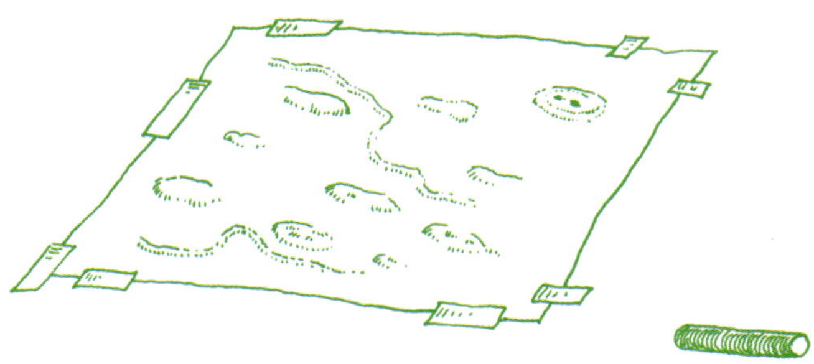

Das tun die Kinder

- Ermuntern Sie die Kinder, sich zunächst einen Gegenstand auszuwählen und deren Oberfläche mit den Fingern zu fühlen.
- Die Kinder legen den gewählten Gegenstand anschließend unter das Papier und malen mit der Ölpastellkreide oder mit einem anderen Stift mehrmals darüber. Welches Muster entsteht auf dem Papier?
- Lassen Sie die Kinder mit den verschiedenen Gegenständen und Malwerkzeugen experimentieren.

Tipps

- Das Papier von Wachsmalstiften lässt sich leicht entfernen, wenn Sie die Stifte über Nacht in Wasser einweichen.
- Kindern fällt es oft schwer, Wachsmalstifte ohne Papierhülle festzuhalten. „Kritzel-Kekse“ (siehe Rezept oben rechts), Ölpastellkreiden und Filzstifte sind für sie einfacher zu handhaben.
- Verwenden Sie alte Filzstifte, da bei der Frottage die Filzstifte stark abgenutzt werden.
- Vergessen Sie nicht, dass die Kinder erste Erfahrungen mit der Frottagetechnik machen. Ihre Resultate sind nicht mit denen von Erwachsenen zu vergleichen. Freuen Sie sich über die Kunstwerke der Kinder! Diese ersten Erfahrungen sind notwendig, um zu schwierigeren Arbeiten fortschreiten zu können.

Weitere Möglichkeiten

- Lassen Sie die Kinder auch Kordelringe, aus Pappe ausgeschnittene geometrische Formen oder Buchstaben durchreiben.
- Die Kinder können auch Frottagebilder an der Staffelei gestalten: Kleben Sie gemeinsam mit den Kindern einige Formen aus Pappe unter das Papier der Staffelei und lassen Sie die Kinder mit Wachsmalstiften darüber malen.

Kritzel-Kekse

Sammeln Sie die Reste von Wachsmalstiften. Schälen Sie das Papier von den Stiftresten und brechen Sie sie in kleine Teile. Sortieren Sie die Reste in einer alten Muffinform nach Farben oder mischen Sie die Farben, um einen Regenbogenkeks zu erhalten. Heizen Sie einen Backofen auf schwacher Hitze vor, schalten Sie den Ofen aus und stellen Sie die Muffinform hinein. Verfolgen Sie mit den Kindern, wie die Wachsstücke schmelzen. Holen Sie die Form aus dem Ofen, wenn die Stücke teilweise geschmolzen, jedoch noch nicht vollkommen flüssig sind, und lassen Sie sie abkühlen. Die „Kritzel-Kekse“ sind leicht aus der Form zu lösen, wenn Sie die Muffinform einfrieren. Vor Gebrauch holen Sie die Form aus dem Gefrierfach. Drücken Sie die „Kekse“ heraus und lassen Sie sie auftauen. Brechen Sie die „Kritzel-Kekse“ in zwei Hälften, damit den Kindern zum Malen eine flache und eine gerundete Seite zur Verfügung steht.

Geschichten aus dem Kinderatelier

Lina pulte mit einer Engelsgeduld das Papier von den Stummeln der Wachsmalstifte ab. Mit ihrem exzellenten Pinzettengriff konnte sie selbst winzige Stücke Papier von einem Stummel ziehen. Um einen Papierfetzen von einem Finger zu entfernen, schüttelte sie die Hand. Der Papierfetzen segelte neben ihrem Stuhl auf den Boden. Selbst das Abpulen von Papierfetzen von einem Wachsmalstift ist kreative Arbeit und Kunst!

4 Klebrige Angelegenheit

Kunst regt die Vorstellungskraft an und steigert das schöpferische Denken des Kindes...

Barbara Herberholz und Lee Hanson,
Autoren von „Early Childhood Art"

Dass Dinge an anderen Dingen haften bleiben, ist der spannendste und interessanteste „Part" bei der kindlichen Erkundung des Zerreißens, Kleisterns und Zusammenfügens von Papier oder anderen Materialien. Kleinkinder erfahren im Prozess des Klebens die Eigenschaften und die Bedeutung von „klebrig". Die Kinder durchstöbern, sortieren und wählen selbst die Collagematerialien, die sie zum Auskundschaften von Klebeband, Kleister und Klebstoff verwenden möchten. Zu Beginn erforschen Kinder die klebrigen Eigenschaften von Kleister, Klebstoff oder Klebeband häufig nur, indem sie mit ihren Fingern die Oberflächen befühlen. Später verwenden Sie dann Klebstoff oder Klebeband in rauen Mengen, um wild übereinander geschichtete Papierschnipsel oder andere Objekte miteinander zu verbinden.

Die Kinder haben eine Menge Spaß beim Experimentieren mit Klebstoffen und verfeinern dabei gleichzeitig ihre Feinmotorik. Für die Anfangsphase empfiehlt sich eine begrenzte Auswahl an Materialien. Mit zunehmender Erfahrung können Sie den Kindern mehr Materialien und Wahlmöglichkeiten zur Verfügung stellen. Der Einsatz von Scheren ist in der Anfangsphase künstlerischer Tätigkeiten nicht notwendig. Erwarten Sie von Kindern unter drei Jahren auch nicht, dass sie das Zerschneiden von Papier mit einer Schere perfekt beherrschen. Erwarten Sie lediglich, dass sie Spaß daran haben, zu entdecken, wie Scheren funktionieren! Die Vorschläge am Ende dieses Kapitels zeigen Ihnen Schritt für Schritt, wie Sie die Kinder in ihrem Lernprozess im Umgang mit der Schere unterstützen können.

Liste mit Materialien für Collagen

Beaufsichtigen Sie die Anwendung der Materialien immer sorgfältig und stellen Sie sicher, dass die benutzten Materialien für die Kinder ungefährlich sind.

A
- Aluminiumfolie
- Aquariumkies
- Aufkleber, kreisförmig

B
- Backförmchen aus Papier
- Balsaholz
- Bambus
- Bänder
- Bast
- Bastelpapier, Ausschnitte
- Baumwolle
- Besenborsten
- Bindfaden
- Blätter
- Blumen, auch
  - künstliche Blumen
- Trockenblumen
- Plastikblumen
- Bonbonpapier
- Briefmarken, abgestempelt
- Büroklammern

D
- Deckel
- defektes Spielzeug
- Dominosteine
- Drahtgitter

E
- Eicheln
- Eierkartons
- Eisstiele
- Etiketten

F
- Fahrradschlauch, Stücke
- Federn
- Fell, Probemuster
- Filmdöschen
- Filter
- Filzreste
- Flaschen, auch Plastik
- Flaschenverschlusskappen (groß)
- Fliegengitter
- Frischhaltefolie, Streifen

G
- Gardinen, Stoffmuster
- Garn
- Gaze
- Geschenkpapier
- Getreidehülsen
- Glitter und Glitzer
- Goldfaden
- Gräser
- Grußkarten
- Gummiband
- Gummidichtungen
- Gummischlauch
- Gürtel

H
- Haarbänder
- Haarnetz
- Holzdübel
- Holzfaserplatte
- Holzperlen
- Holzräder
- Holzreste
- Holzspatel
- Hutband

K
- Kacheln
- Kaffeefilter
- Kämme
- Kassettenband
- Kerzen
- Ketten
- Kiefernnadeln
- Kiefernzapfen
- Klebeband, alle Arten
- Klebeband, Abdeckband
- Klebestreifen
- Klebefolie
- Klebezettel
- Knöpfe, groß
- Konfetti
- Konfetti, mit dem Locher ausgestanzt
- Konservendosen
- Konstruktionsspielzeug aus Holz
- Kordel
- Korken
- Kreide
- Krepppapier, Schnipsel
- Krüge
- Kunststoff, alle Arten

L
- Leder, Stücke
- Linoleum, Stücke
- Lockenwickler
- Löschpapier

M
- Maßband
- Metallteile
- Modeschmuck
- Moos, getrocknet
- Münzen
- Muscheln

N
- Nagelfeile
- Nagelhautstift

O
- Orangenkerne
- Origamipapier
- Ostereier, Plastik
- Ostergras

P
- Papierprodukte, alle Arten
- Papier, gummiert
- Papierschnipsel, zerrissen
- Pappbecher
- Papprollen
- Pappstücke
- Perlen, groß
- Pfeifenreiniger
- Pflanzen, aus Plastik
- Pinnnadeln
- Plastikreste
- Plastikteile
- Prospekte, Werbung

R
- Radiergummis
- Reißverschlüsse
- Rinde

S
- Sackleinen
- Sägemehl
- Sägespäne
- Samt, Reste
- Saumband
- Schachteln
- Schale (Verpackung), Pappe
- Schale (Verpackung), Kunststoff
- Schale (Verpackung), Styropor®
- Schaumstoff
- Schilfhalme
- Schleifpapier
- Schlüssel
- Schlüsselanhänger
- Schlüsselringe
- Schmuckkette
- Schmuckstücke
- Schmuckstücke, goldfarben
- Schnallen
- Schnürsenkel
- Schnur
- Schrägband zum Aufbügeln
- Schwämme
- Seide, Reste
- Seidenpapier
- Seil, Stücke
- Spielsteine, Mühle-
- Sprühflaschendeckel
- Spulen
- Stempel, alle Arten
- Stickgarn
- Stöcke
- Stoffreste
- Styropor®

T
- Tapete
- Teppichmuster
- Tischtennisbälle
- Treibholz
- Trinkhalme
- Trockenblumen

U
- Ukulelesaiten

V
- Verschlussklammern
- Verzierungen

W
- Wachskerzen
- Wachstuch, Stück
- Wäscheklammer
- Wattebäusche
- Wattestäbchen
- Wolle
- Wollflocken

Z
- Zackenlitze
- Zahnbürsten
- Zeitung
- Zungenspatel
- Zweige

Collagen: Drücken und Kleben

Für diese erste „Klebe-Erfahrung" drücken die Kinder unterschiedlichste Materialien auf durchsichtige Klebefolie auf oder lassen die Materialien auf die Folie rieseln. Kinder lieben es, nach kleinen Gegenständen zu greifen! Die Aktivität ist kleberfrei und fördert ganz nebenbei feinmotorische Fertigkeiten.

Das brauchen Sie

- durchsichtige Klebefolie
- Scheren
- Pappe
- Klebeband
- Material für die Collagen: kleine Gegenstände, z. B. Vogelfutter, ungeschälte Sonnenblumenkerne und Sand
- Schüsseln
- Löffel

Das tun Sie

- Schneiden Sie aus der aufgerollten Klebefolie große Rechtecke aus.

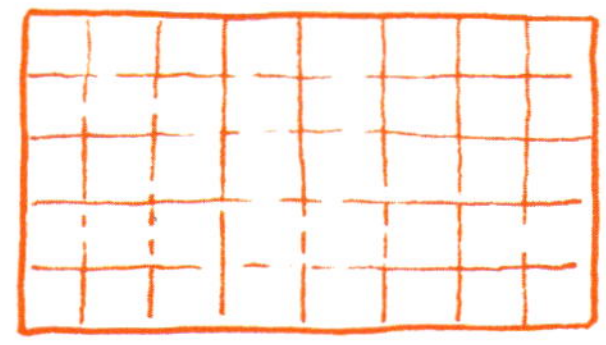

- Falten Sie das Rechteck an einer Kurzseite mit 8 cm ein. Der nicht klebende Rand dient als Griff zum Halten der Folie.

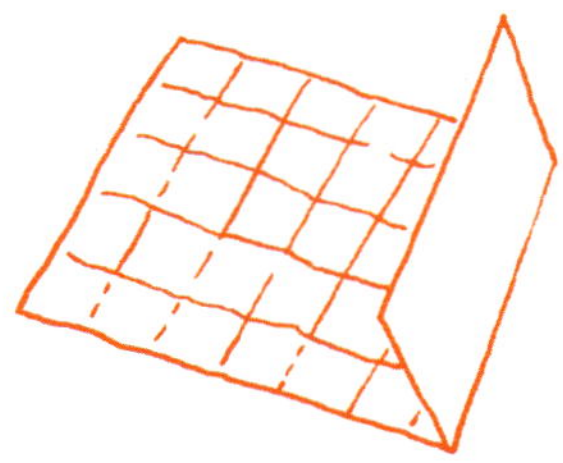

- Ziehen Sie das Schutzpapier bis zur Falz und schneiden Sie es ab. Der verbleibende Griff von 8 cm Breite erleichtert das Halten der Klebefolie, ohne dass die Hände an ihr festkleben.

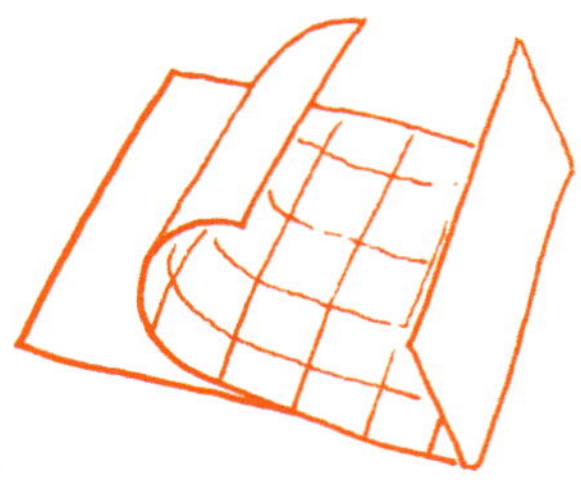

- Befestigen Sie die Klebefolie zur leichteren Handhabung auf einem Stück Pappe. Kleben Sie hierzu die Ecken der Folie (klebrige Seite nach oben schauend) mit Klebebandstreifen an der Pappe fest.

- Sortieren Sie das Collagenmaterial in die Schüsseln und stellen Sie diese in Reichweite der Kinder.

Das tun die Kinder

- Stellen Sie den Kindern vor der Gestaltung der Collage ausreichend Zeit zur Verfügung, die Materialien zu befühlen und zu erkunden.
- Nach der Materialerkundung nehmen die Kinder die Materialien, verteilen und drücken sie auf die Klebefolie oder lassen sie einfach daraufrieseln. Alternativ können die Kinder die Materialien auch mit einem Löffel auf das klebrige Papier fallen lassen.
- Ermutigen Sie die Kinder, die Klebefolie vollständig mit Materialien zu bedecken, bis jede klebrige Stelle abgedeckt ist.
- Befestigen Sie die Collagen gemeinsam mit den Kindern an einem Fenster, um das Sonnenlicht durchscheinen zu lassen.

Tipps

- Sammeln Sie für Collagearbeiten fortwährend unterschiedlichste Gegenstände in Schuhkartons oder in Plastikbehältern, z.B. Wattebäusche, Stoffstücke, Federn, Folienstücke und Wachspapier, Konfetti, Werbeprospekte, Seiden- und Geschenkpapier und Bänder (siehe hierzu die Liste mit Materialien für Collagen, Seite 70ff.).
- Ausgewaschene Margarinebecher eignen sich gut zum Abrollen von Garnspulen: Bohren Sie dazu ein kleines Loch in den Deckel, legen Sie eine Garnspule in den Becher und ziehen Sie den Faden durch das Loch im Deckel. Schließen Sie den Becher und nun kann das Garn abgerollt werden, ohne sich zu verheddern.
- Kinder kehren gerne! Halten Sie eine kleine Kehrschaufel und einen Besen bereit, damit die Kinder eigenständig verschüttetes Material aufkehren können.
- Zeigen Sie den Kindern, dass sie kleinere Materialien leicht aufnehmen können, indem sie einen Finger mit Wasser befeuchten, diesen auf den Gegenstand drücken und den Gegenstand anschließend auf die Klebefolie pressen.

Weitere Möglichkeiten

- **Großes Wandgemälde:** Kleben Sie einen großen Bogen Klebefolie mit der klebrigen Seite nach vorne in kindgerechter Höhe an die Wand. Geben Sie den Kindern Gegenstände zum Bekleben, die leicht entfernt und wieder angeklebt werden können, z.B. Knöpfe, und Gegenstände, die dauerhaft kleben bleiben, z.B. Bilder aus Zeitschriften.
- **Klebriger Spaziergang:** Legen Sie eine Bahn Klebefolie mit der klebrigen Seite nach oben auf dem Boden aus. Regen Sie die Kinder an, ihre Schuhe auszuziehen und über diesen klebrigen Laufsteg zu gehen. Bieten Sie den Kindern beim Laufen Unterstützung.

Geschichten aus dem Kinderatelier

Nadine nimmt vorsichtig einen kleinen, mit dem Locher ausgestanzten Konfettipunkt auf, drückt ihn fest auf ein Stück Klebefolie und schlägt mit der Handfläche darauf. Dann tritt sie einen Schritt zurück, um ihr Werk zu begutachten. Nun greift sie eine Hand voll Konfetti und drückt ihre ganze Hand auf die Klebefolie. Viele Punkte bleiben haften, einige fallen auf den Boden. Nadine findet das in Ordnung!

Rieseln, Schütten, Kleben

Greifen, fühlen, schütten und dabei die Welt entdecken! Die Kinder ergründen im ausgiebigen Spiel die unterschiedlichen Materialien für die Collage. Gewähren Sie den Kindern ausreichend Zeit zum Erforschen, bevor sie zur Gestaltung der Collage übergehen.

Das brauchen Sie

- ein Bettlaken oder eine Decke
- Spülwannen
- Becher, Löffel und Konservendosen (Leere und saubere Thunfischdosen eignen sich gut.)
- Material für Collagen (siehe Liste rechts oben)
- Klebstoff, lösungsmittelfrei
- Plastikschälchen
- Pinsel
- Pappe oder Holzpappe

Materialien für Collagen

* Aquariumkies, unbenutzt
* Bindfäden, Reste
* Kieselsteine
* Knöpfe
* Konfetti
* Maisstärke
* Nüsse, ungeschält
* Perlen
* Samen
* Sand
* Sonnenblumenkerne, ungeschält
* Stoffreste
* Teile von Schaumstoffverpackungen
* Vogelfutter
* Wattebäusche
* Wollreste

Das tun Sie

- Legen Sie das alte Bettlaken oder die Tischdecke für die künstlerischen Entdeckungen der Kinder und eventuell verschüttetes Material auf den Boden.
- Wählen Sie vier verschiedene Materialien (siehe Liste) für die Collage und füllen Sie diese in vier Spülwannen. Die Wannen sollten gut gefüllt sein.
- Geben Sie den Klebstoff in die Plastikschälchen und legen Sie die Pinsel zum Kleben daneben.
- Schneiden Sie für jedes Kind eine Pappe oder Holzpappe für die Collage zurecht und legen Sie diese zunächst beiseite. Nach dem ausgiebigen Erkunden der Materialien stellen Sie den Kindern die Pappe/Holzpappe zum Gestalten zur Verfügung.

Das tun die Kinder

- Die Kinder greifen in die Wannen, lassen die Materialien durch ihre Hände rieseln, ertasten und befühlen sie, um sie ausgiebig zu erkunden.
- Regen Sie die Kinder an, die Materialien mit den Bechern, Löffeln und Dosen zu erkunden, indem sie befüllt und wieder ausgeschüttet werden.
  Hinweis: Achten Sie darauf, dass die Dosen keine scharfen Kanten haben. Decken Sie diese bei Bedarf mit Klebeband ab.

- Wenn die Kinder das Material erforscht haben, stellen Sie ihnen den Klebstoff, die Pinsel und die Pappe zur Verfügung, um daraus eine Collage zu gestalten.

- Lassen Sie die Kinder zunächst den Klebstoff auf die Pappe pinseln.
- Anschließend schütten und streuen die Kinder die Materialien auf die Pappe. Überschüssiges Material lässt sich leicht in die Wanne abschütteln.
- Nach der Fertigstellung werden die Collagen über Nacht getrocknet.

Tipps

- Kinder lieben es, in Samen oder Körner zu greifen und sie durch ihre Hände rieseln zu lassen. Das fühlt sich toll an! Geben Sie ihnen ausreichend Gelegenheit dazu.
- Es bietet sich an, den Arbeitsbereich der Kinder durch eine Decke zu begrenzen. Die Kinder sollen versuchen, nur in diesem Bereich die Materialien zu verwenden. Sie können außerdem leicht beim Aufräumen helfen, indem sie die Decke hochheben und das Collagenmaterial zurück in die Wanne schütten.

Weitere Möglichkeiten

Strand-Collage: Lassen Sie die Kinder auf einem Stück Pappe eine Collage aus farbigem Aquariumkies gestalten. Aquariumkies hat eine einzigartige Oberflächenstruktur und erzeugt beim Rütteln oder Reiben interessante Geräusche. Bieten Sie den Kindern weitere Strandmaterialien für die Collage an, z. B. Muscheln, getrockneten Tang oder Treibholz.

Geschichten aus dem Kinderatelier

In Davids Spielgruppe wurden zwei Spülwannen mit Materialien zum Erforschen für die Kinder gefüllt: eine mit großen Glasdeckeln und eine mit Muscheln. Die Kinder waren fasziniert davon, das Material anzufassen und zu schütten – zu den bisherigen Aktivitäten mit Sand oder Wasser eine neue und spannende Erfahrung. David experimentierte besonders gerne mit den Spielzeugküchenutensilien. Er konnte sich fast eine Stunde mit dieser Tätigkeit beschäftigen und sich darauf konzentrieren!

Spaß mit Collagen – vier Favoriten

Das Sammeln und Aufbewahren von Materialien macht jedem Spaß! Für Collagearbeiten mit Kleinkindern ist es wichtig, Materialien zu sammeln, die sich unterschiedlich anfühlen und unterschiedliche Oberflächenstrukturen haben, z. B. flauschige Wattebäusche, weiche Federn und Gewürze, um nur einige zu nennen.

Wattebäusche ankleben

Die Kinder stellen eine weiche Collage her, indem sie Wattebäusche auf farbiges Papier kleben.

Das brauchen Sie

- Klebstoff
- flache Plastikschälchen
- Wattestäbchen
- ein Tablett
- Wattebäusche
- farbiges Papier

Das tun Sie

- Geben Sie den Klebstoff in die Plastikschälchen und stellen Sie diese auf den Tisch oder Boden. Legen Sie die Wattestäbchen daneben.
- Die Wattebäusche legen Sie auf das Tablett und stellen dieses für die Kinder gut erreichbar auf den Tisch oder Boden.
- Halten Sie für jedes Kind einen Bogen farbiges Papier bereit.

Das tun die Kinder

- Lassen Sie die Kinder vor der Gestaltung der Collage die Wattebäusche entdecken und befühlen. Geben Sie ihnen genügend Zeit, um mit ihnen zu spielen.
- Die Kinder tupfen oder tropfen den Klebstoff mit den Wattestäbchen auf das Papier.
- Anschließend legen die Kinder die Wattebäusche auf die Klebstoffkleckse. Sie können die Wattebäusche auch direkt in den Klebstoff tunken und auf das Papier drücken.

Golftees befestigen

Nicht jede Collage braucht Kleister, Klebstoff oder Klebeband – das Hämmern ist eine andere Art Gegenstände zu befestigen. Für Kleinkinder ist das erfolgreiche Hämmern von Golftees eine aufregende Erfahrung und eine gute Übung für späteres Hämmern mit echten Nägeln und Holz.

Das brauchen Sie

- große Stücke Styropor®
- Klebeband
- Golftees (kleine Stifte aus Holz oder Kunststoff, die beim Golf spielen zum Abschlag in den Boden gesteckt werden)
- Spielzeughammer
- Wolle, Bänder, Faden oder Papierschnipsel
- Plastikschälchen

Das tun Sie

- Befestigen Sie für jedes Kind ein großes Stück Styropor® mit Klebeband an einem niedrigen Tisch oder auf dem Boden, damit es nicht wegrutschen kann.
- Legen Sie die Golftees und die anderen Materialien in die Plastikschälchen und stellen Sie diese für die Collage bereit.

Das tun die Kinder

- Geben Sie den Kindern ausreichend Zeit, die Golftees als neues Material zu untersuchen und zu entdecken.
- Als Erstes drücken die Kinder einen Golftee mit den Händen in ihr Styropor®-Stück.
- Anschließend hämmern sie weitere Golftees mit einem Spielzeughammer in das Styropor®.
- Regen Sie die Kinder dazu an, die Wolle, Bänder oder Fäden zwischen die Golftees zu ziehen oder die Golftees zusätzlich durch Papierschnipsel zu schlagen. Im Freien können die Kinder die Tees auch in den Sand oder in die Erde hämmern.

Naturmaterialien ankleben

Die Kinder gestalten eine Collage aus Naturmaterialien.

Das brauchen Sie

- Materialien aus der Natur, z. B. Stöcke, Blätter, Eicheln und kleine Steine
- Frühstücksbeutel aus Papier
- Zeitungspapier
- Pinsel oder Löffel
- Pappe
- Klebstoff
- ein Holzstück oder einen robusten Pappteller (Variante)

Das tun Sie

- Machen Sie mit den Kindern einen Spaziergang durch die Natur und sammeln Sie Stöcke, Blätter, Eicheln und kleine Steine. Die gesammelten Naturmaterialien werden in den Frühstücksbeuteln aus Papier aufbewahrt.

- Breiten Sie den Inhalt der Beutel nach Ihrer Rückkehr in die Einrichtung gemeinsam mit den Kindern auf einem Bogen Zeitungspapier aus.
- Decken Sie den Arbeitsbereich (niedriger Tisch oder Boden) mit Zeitungspapier ab und fixieren Sie dieses mit Klebeband.
- Legen Sie die Pappe, den Klebstoff, die Pinsel und die Naturmaterialien für die Kinder gut erreichbar an den Arbeitsbereich.

Das tun die Kinder

- Die Kinder tragen den Klebstoff mit einem Pinsel oder Löffel auf ihre Pappe auf und wählen einen Naturgegenstand, den sie auf den Kleber drücken.
- Regen Sie die Kinder an, weitere Naturmaterialien hinzuzufügen, bis die Pappe vollständig beklebt ist.
- Lassen Sie die Collage mindestens eine Stunde lang trocknen.
- **Variante:** Die Kinder können die Naturmaterialien auch auf ein Stück Holz oder auf einen robusten Pappteller kleben.

Federn ankleben

Die Kinder kleben flauschige Federn auf einen Pappteller oder auf eine ausgeschnittene Form aus Tonpapier.

Das brauchen Sie

- Federn
- Pappteller oder Tonpapier
- Scheren (optional)
- ein Tablett oder eine flache Schachtel
- Pappbecher (optional)

Das tun Sie

- Besorgen Sie in einem Bastelgeschäft Federn oder schneiden Sie von einer alten Boa oder einem Staubwedel die Federn ab.
- Legen Sie die Federn auf das Tablett oder in die flache Schachtel.

Das tun die Kinder

- Die Kinder tragen mit den Pinseln den Klebstoff auf die Pappteller oder die ausgeschnittenen Formen auf.
- Anschließend legen die Kinder die Federn beliebig auf die klebenden Pappteller. Lassen Sie die Kunstwerke trocknen.
- **Witziger Federhut:** Die Kinder können auch Pappbecher mit Federn bekleben. Zum Tragen auf dem Kopf pieksen Sie zwei Löcher in die Poppränder und ziehen Stoffbänder hindurch.

  Hinweis: Achten Sie auf mögliche allergische Reaktionen auf Federn wie z. B. Niesen oder tränende Augen.

Kleister und Papier

Selbst gemachter dickflüssiger Kleister ist für Ein- bis Dreijährige eine herrliche, taktile Erfahrung. Kinder in diesem Alter lieben es zudem, Papier zu zerreißen. Das Experimentieren mit Kleister und Papier ist für jedes Kind ein spannendes Erlebnis!

Das brauchen Sie

- 4 Esslöffel (80 g) Zucker
- 2/3 Tasse (80 g) Mehl
- 2 Tassen (480 ml) Wasser
- 1/2 Teelöffel Zimtöl für frischen Duft (optional)
- einen Messbecher und einen Löffel
- einen Topf und Holzlöffel
- eine Herdplatte
- eine kleine, standhafte Schüssel
- Karton, Pappe (z. B. Verpackungsschachteln) oder Holzpappe
- Klebeband
- verschiedene Papiersorten (siehe Liste unten)
- eine Schachtel oder ein Tablett
- Hilfsmittel zum Auftragen des Kleisters, z. B. Wattestäbchen, Holzspatel, Plastikflaschen oder Plastikmesser (optional)

Liste der Papiersorten

* Bastelpapier
* Baupläne
* Comics
* Kalender
* Malbücher
* Seidenpapier
* Servietten
* Telefonbuch
* weißes Papier
* Zeitschriften
* Zeitungspapier

Das tun Sie

- Bereiten Sie gemeinsam mit den Kindern den Kleister zu: Mischen Sie den Zucker und das Mehl in dem kleinen Topf. Fügen Sie das Wasser langsam unter kräftigem Rühren hinzu, um die Bildung von Klümpchen zu vermeiden. Lassen Sie die Mischung unter ständigem Rühren auf kleiner Stufe köcheln, bis sie glatt und klar ist. Für einen angenehmen Duft rühren Sie zusätzlich das Zimtöl unter. Nehmen Sie den Topf von der Platte und lassen Sie die fertige Kleistermischung abkühlen. Geben Sie sie in eine Schüssel, die nicht wegrutscht, wenn die Kinder ihre Finger hineinstecken.

Rühren Sie kräftig um und lassen Sie es auf kleiner Flamme köcheln.

Nach dem Abkühlen in eine schwere, standhafte Schüssel geben.

- Befestigen Sie die Pappe, den Karton oder die Holzpappe mit dem Klebeband auf einem niedrigen Tisch.
- Legen Sie die unterschiedlichen Papiersorten (siehe Liste) in eine Schachtel oder auf ein Tablett, das Sie zusammen mit dem Kleister und den Hilfsmitteln zum Auftragen des Kleisters auf den Tisch stellen.

Das tun die Kinder

- Die Kinder reißen das Papier in Streifen und in kleine Stücke.
- Ermutigen Sie die Kinder, ihre Finger in den Kleister zu stecken, um ihn zu fühlen.
- Die Kinder können den Kleister nun direkt mit den Händen, mit einem Wattestäbchen oder mit einem Holzspatel auf die Pappe auftragen.
- Anschließend nehmen die Kinder die Papierschnipsel und drücken sie auf die Pappe.

Tipps

- Gestalten Sie das Kleistern als offene und freudige Aktivität. Stellen Sie den Kindern einige Gegenstände zur Verfügung, die sie in den Kleister stecken können (z.B. Holzspatel). Erwarten Sie jedoch nicht, dass die Kinder beim ersten Mal verstehen, wie der Kleister verteilt wird und das darauf etwas kleben bleibt. Kleistern ist eine komplexe Aktivität, die viele Fertigkeiten voraussetzt.
- Kleinkinder zerreißen liebend gerne Papier und mögen vor allen Dingen das Geräusch, das dabei entsteht.
- Manche Kinder mögen das klebrige Gefühl des Kleisters, manche nicht. Ermutigen Sie zurückhaltende Kinder durch das Benutzen von Hilfsmitteln wie Wattestäbchen oder Holzspatel zum Kleistern. Die meisten kleinen Kinder haben jedoch Spaß am Kleister und verwenden ihn wie Fingermalfarbe. Sie sind fasziniert von dem klebrigen Gefühl auf ihren Händen. Häufig ballen sie ihre klebrigen Finger zu einer Faust, öffnen sie wieder und beobachten dabei den Kleister.
- Kinder drücken kleine Papierschnipsel gerne auf ihre Fingerspitzen und ziehen sie wieder ab.

Papierschnipsel-Collage

Die Kinder entdecken bei der Gestaltung der Papierschnipsel-Collage die Eigenschaften von Papier und Kleister. Das Fühlen verschiedener Papiersorten ermöglicht den Kindern einfaches Vergleichen. Wiederholen Sie die Aktivität häufig.

Das brauchen Sie

- eine Auswahl von interessanten Papiersorten (siehe Liste unten)
- Scheren
- eine Plastikschüssel, einen Schuhkartondeckel oder Pappteller
- Klebstoff
- ein flaches Plastikschälchen
- Pinsel
- Ton- oder Bastelpapier

Liste der Papiersorten

- Aluminiumfolie oder Goldpapier
- Bastelpapier
- braune Papiertüten
- Briefpapier
- Brötchentüte
- Comics
- Fotos
- Frischhaltefolie
- Geschenkpapier
- Konfetti
- Küchenpapier
- Ölpapier
- Seidenpapier
- Tapete
- Wachspapier
- Zeitschriften
- Zeitungspapier

Das tun Sie

- Bereiten Sie die verschiedenen Papiersorten (siehe Liste) für die Entdeckungen der Kinder vor: Schneiden Sie hierfür das Papier in kleine Streifen oder Stücke.
- Sortieren Sie die Papierstreifen/-stücke nach ihren Sorten in die Plastikschüsseln oder in die Schuhkartondeckel.

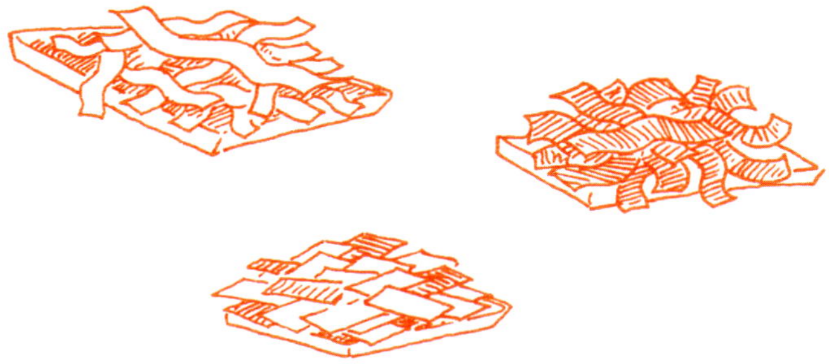

- Geben Sie den Klebstoff in die Plastikschale und legen Sie die Pinsel daneben.

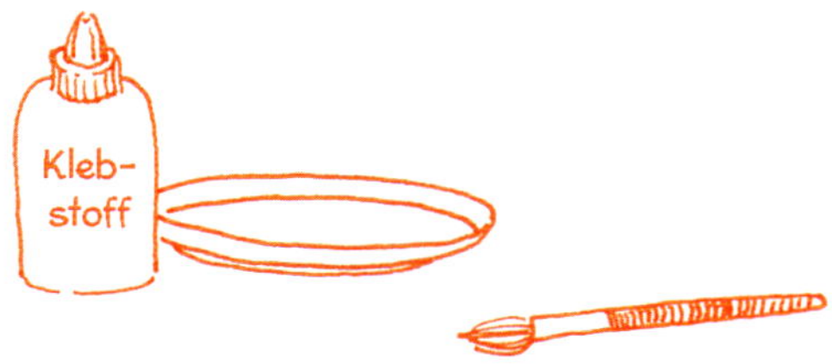

- Stellen Sie alle Materialien für die Collage auf der Arbeitsfläche bereit und geben Sie jedem Kind einen Bogen Ton- oder Bastelpapier.

Das tun die Kinder

- Die Kinder streichen oder träufeln den Klebstoff mit dem Pinsel auf ihr Ton- oder Bastelpapier.
- Ermuntern Sie die Kinder, zur Gestaltung der Collage verschiedene Papierstücke auszuwählen und sie auf das Papier zu drücken. Einige Kinder werden die Collage mit sehr wenig Papierstückchen bestücken, andere wiederum werden die Collage überfrachten!

Tipps

- Papier, das vor oder nach dem Schneiden zerknittert wird, kann von den Kindern leichter aufgenommen werden.
- Die Entdeckungen der Kinder hängen stark von den zur Verfügung stehenden Materialien ab und können somit stark variieren. Wiederholen Sie die Aktivität mit anderen Materialien. Kinder lieben Wiederholungen!
- Eierkartons und Filmdöschen eignen sich gut als Behälter für Klebstoff, Kleister oder Farbe. Mit Wattestäbchen können die Kinder den Kleister leicht tupfen und verteilen.

Weitere Möglichkeiten

- **Papierwandbild ohne Kleister:** Befestigen Sie einen großen Bogen Klebefolie mit der klebrigen Seite nach oben an einer Wand oder auf einem großen Pappkarton. Lassen Sie die Kinder Papierstreifen oder -stücke auf die Folie drücken. Die Kinder können die Papierschnipsel auch gegen die Folie werfen. Was bleibt kleben?
- **Aufkleber-Collage:** Lassen Sie die Kinder eine Collage aus verschiedenen Aufklebern und Etiketten anfertigen.
- **Collagenbuch:** Falten Sie einige Papierbögen und heften Sie diese zusammen. Stellen Sie den Kindern Papierschnipsel, Fotos oder Bilder aus Zeitschriften zur Verfügung, die sie auf die Seiten kleben können.

Geschichten aus dem Kinderatelier

Teresa klebte ein kleines Quadrat Aluminiumfolie auf ein blaues Papier. Sie betrachtete es und sagte: „Das ist alles!" Obwohl man sie ermutigte, weitere Teile hinzuzufügen, war Teresa sicher, dass ihr Kunstwerk vollständig und fertig war. Genau so, wie sie es haben wollte.

Sonnenfänger für das Fenster

Aus Seidenpapier und Klebefolie basteln die Kinder einen bunten Sonnenfänger, der in ein Fenster gehängt werden kann.

Das brauchen Sie

- Seidenpapier oder farbige Packseide
- durchsichtige Klebefolie
- Scheren
- Locher
- Schnur, Faden oder Wolle

Das tun Sie

- Schneiden oder reißen Sie das Seidenpapier oder die Packseide in ca. 3 bis 6 cm breite Stücke.
- Schneiden Sie ein 15 mal 30 cm großes Rechteck aus der Klebefolie.
- Falten Sie die Klebefolien in der Mitte, sodass sich 15 mal 15 cm große Quadrate ergeben.
- Ziehen Sie die Schutzfolie bis zur Hälfte (Falz) ab und schneiden Sie sie dann ab. Legen Sie die Folien mit der klebrigen Seite nach oben auf den Tisch.

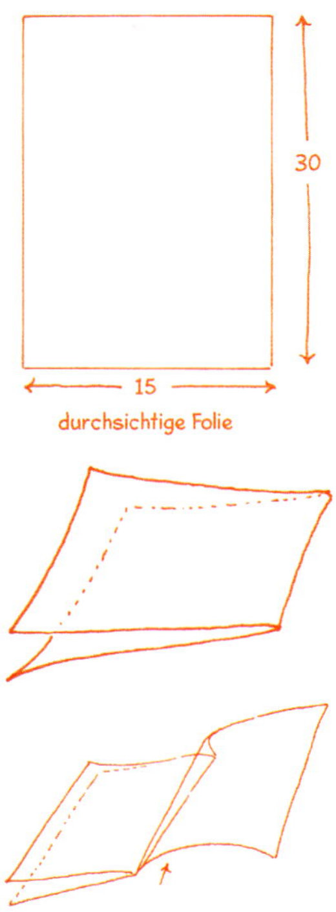

Das tun die Kinder

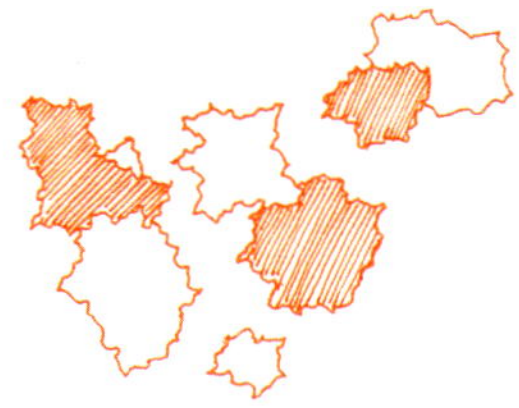

- Die Kinder drücken oder legen die Seidenpapierschnipsel auf die Klebefolie, bis sie mit dem gelegten Muster zufrieden sind.
- Anschließend ziehen die Kinder die verbliebene Schutzfolie ab und falten die zweite Hälfte über die Seidenpapierschnipsel. Die Kinder sollen die beiden Hälften gut zusammenpressen. Unterstützen Sie die Kinder bei diesem Arbeitsschritt.
- Helfen Sie den Kindern, das Quadrat in eine runde Form zu schneiden.
- Stanzen Sie ein Loch in den Rand des Sonnenfängers und ziehen Sie eine Schnur hindurch.
- Die Kinder hängen den Sonnenfänger in ihrem Lieblingsfenster auf.

Tipps

- Die Klebefolie ist nicht nur für Kinder schwer zu handhaben: Ärgern Sie sich nicht über Falten, Hubbel oder Blasen.

Weitere Möglichkeiten

- **Rahmen aus Pappteller:** Schneiden Sie aus einem Pappteller die Mitte heraus und verwenden Sie den Rand als Rahmen für den Sonnenfänger.
- **Klebstoffkunst:** Lassen Sie die Kinder Klebstoff auf Wachspapier auftragen und anschließend farbiges Papier, Konfetti oder anderes aufdrücken. Der Klebstoff braucht einige Tage zum Trocknen. Die Kinder ziehen dann den Klebstoff mit dem Papier vom Wachspapier ab und hängen das entstandene Kunstwerk im Fenster auf.
- Geben Sie den Kindern reflektierende und durchsichtige Materialien zum Aufdrücken auf die Folie, z. B. Goldpapier, Alufolie oder Frischhaltefolie.

Einfache Aufkleber

Für die meisten Kinder im Alter von ein bis drei Jahren ist das Abziehen und Aufdrücken von Aufklebern eine neue Erfahrung. Besonders faszinierend ist dabei, dass eine Seite klebt und die andere nicht!

Das brauchen Sie

- eine Auswahl an Aufklebern (siehe Liste unten)
- eine große, flache Schachtel
- Papier oder Pappe
- Filz- und Wachsmalstifte

Mögliche Aufkleber

* Adressetiketten
* farbige Punktaufkleber
* Motivaufkleber (Tiere, Pflanzen, Comicfiguren usw.)
* Ordneretiketten
* Pflaster in verschiedenen Formen
* Sternaufkleber
* Werbeaufkleber

Das tun Sie

- Stellen Sie die Schachtel mit der Aufklebersammlung auf den Tisch.
- Legen Sie für jedes Kind Papier oder Pappe bereit.

Das tun die Kinder

- Die Kinder stöbern in der Schachtel mit den Aufklebern. Regen Sie die Kinder dazu an, die verschiedenen Aufkleber zu betrachten und zu befühlen.
- Ermuntern Sie die Kinder, einen oder mehrere Aufkleber auszuwählen, die Schutzfolie abzuziehen und die Aufkleber auf das Papier zu drücken. Auch die Aufkleberreste können verwendet werden.
- Die Kinder können anschließend mit Filz- und Wachsmalstiften über die Aufkleber malen. Beobachten Sie gemeinsam mit den Kindern, wie sich die Farbe auf den Aufklebern und dem Papier verhält.

Tipps

- Sollten die Kinder beim Abziehen der Schutzfolie Schwierigkeiten haben, kleben Sie einige Aufkleber an die Tischkante. Die Kinder können sie dort leicht abziehen.

Geschichten aus dem Kinderatelier

Noah klebte weiße Adressetiketten auf weiße Pappe. Obwohl einige der Etiketten zerknittert waren, Falten und Blasen warfen, wirkte Noah äußerst zufrieden. Nach dem Kleben nahm er einen roten Wachsmalstift und malte damit stürmisch über die Etiketten und die Pappe. Durch die Unebenheiten und unterschiedlichen Oberflächen entstanden dunkel- und hellrote Effekte und Muster. Noah freute sich über sein Kunstwerk und besonders über die Geräusche beim Hin- und Hergleiten des Wachsmalstifts.

Klebeband-Collage

Das Hantieren mit Klebeband ist eine knifflige und klebrige Angelegenheit, die großen Spaß macht und für die Kinder hoch motivierend ist! Die Gestaltung einer einfachen Collage bietet Kleinkindern eine gute Möglichkeit, die Handhabung verschiedener Klebebänder auszuprobieren und zu erforschen.

Das brauchen Sie

- verschiedene Arten von Klebeband (siehe Liste unten)
- Scheren
- Papier

Verschiedene Arten von Klebeband

- Abdeckband
- doppelseitiges Klebeband
- durchsichtiges Klebeband
- Gaffaband in unterschiedlichen Breiten
- Gewebeband
- Heftpflaster
- Isolierband in verschiedenen Farben
- Kinderklebeband mit Motiven
- Kreppband
- Paketband

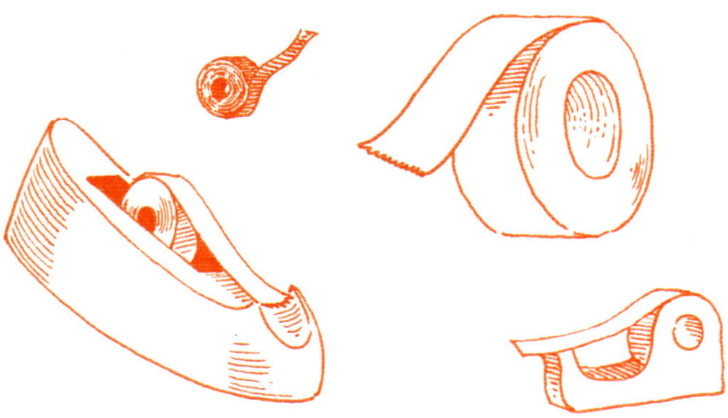

Das tun Sie

- Schneiden oder reißen Sie von jeder Klebebandsorte mehrere 10 cm lange Streifen ab und kleben Sie diese z. B. an die Kante eines niedrigen Tisches. Die Enden der Klebestreifen sollten über den Rand reichen, sodass die Kinder die Stücke leicht und ohne Hilfe abziehen können.

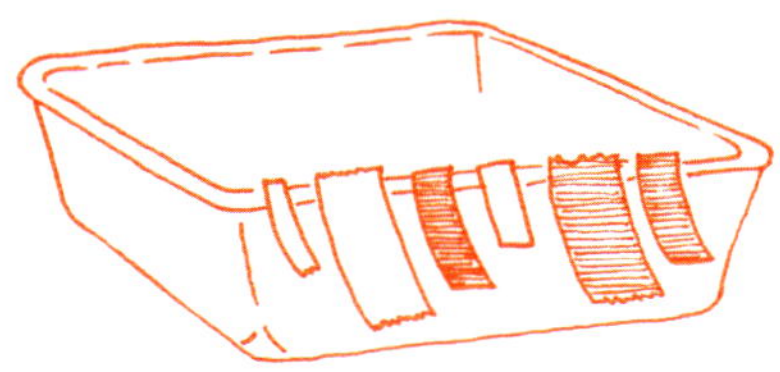

- Legen Sie für jedes Kind einen Bogen Papier auf dem Tisch bereit.

Das tun die Kinder

- Die Kinder ziehen die Klebebandstreifen vom Tisch ab und kleben sie nach Belieben auf das Papier. Die Streifen dürfen sich natürlich auch überlappen. Der Fantasie sind keine Grenzen gesetzt!

Tipps

- Wundern Sie sich nicht, wenn die Kinder das Klebeband auf sich selbst oder an Gegenstände kleben! Klebeband erinnert die Kinder an Pflaster. Deshalb kann das Bedürfnis, Klebeband auf Hände und Beine zu kleben, sehr groß sein.
- Sie können die vorgefertigten Klebebandstreifen für die Aktivität auch an eine schwere Auflaufform oder an eine Schüssel, die sie mit Sand oder Steinchen beschweren, kleben.
- Schaffen Sie sich einen schweren Tischabroller für Klebeband an. Die Kinder können mit diesem das Abrollen und Abreißen von Klebeband üben. Befestigen Sie den Abroller gegebenenfalls mit doppelseitigem Klebeband auf dem Tisch, sodass er nicht wegrutschen kann.
- Beachten Sie, dass einige Klebebandarten die Farbe von Oberflächen und Wänden lösen können.

Skulptur aus Bauklötzen

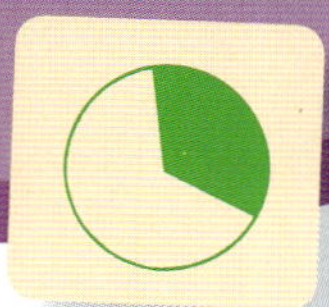

Kommt herbei und sehet an, was ich alles bauen kann! Die Kinder tunken Holzstücke in Klebstoff und bauen eine Skulptur.

Das brauchen Sie

- Pappe, Holzpappe oder Holzbrett als Fundament für die Skulptur
- Klebstoff (schnell trocknend)
- Plastikschälchen
- Klebstoffpinsel
- Holzstücke ohne scharfe Kanten und Spitzen (siehe Liste unten)
- Temperafarben und Pinsel (optional)

Liste zu möglichen Holzstücken

* Balsaholz, Reste
* Holzbauklötze
* Holzlöffel
* Holzperlen
* kleine Äste
* leere Garnrollen
* Holzrahmen, Rahmen
* zersägte Rundhölzer

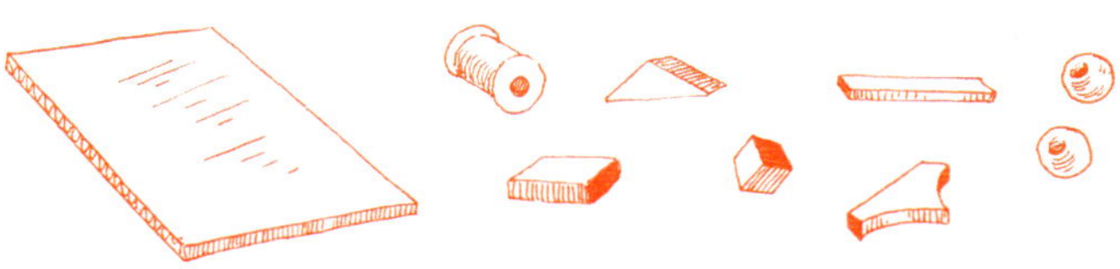

Das tun Sie

- Legen Sie für jedes Kind eine Pappe oder ein Holzbrett als Fundament für die Skulptur auf dem Tisch bereit.
- Die Holzstücke werden ebenfalls gut zugänglich platziert.
- Geben Sie den Klebstoff in das Plastikschälchen und stellen Sie es mit den Pinseln für alle Kinder gut erreichbar auf den Tisch.

Das tun die Kinder

- Die Kinder beginnen den Bau der Skulptur, indem sie einen großen Klecks Klebstoff auf das Fundament geben.
- Die Kinder wählen nun Holzstückchen aus und tunken diese in den Klebstoff, um sie auf dem Fundament zu stapeln. Sie können auch die Pinsel zum Auftragen des Klebstoffs benutzen.
- Die fertigen Skulpturen werden über Nacht getrocknet.
- Auf Wunsch können die Kinder die Skulptur am nächsten Tag mit Temperafarbe anmalen.

Tipps

- Achten Sie darauf, dass die Holzstücke keine Splitter haben, an denen sich die Kinder verletzen können.
- Wacklige Konstruktionen können Sie mit der Heißklebepistole nachbessern und fixieren. Manche Klebestellen können auch mit Kreppband oder durchsichtigem Klebeband während des Trockenvorgangs fixiert werden.

Geschichten aus dem Kinderatelier

Luisa hatte großen Spaß daran, Kunstmaterialien zu erforschen und sie gestalterisch einzusetzen. Während Nathalie, Anna-Lena und Moritz eifrig damit beschäftigt waren, Holzklötze so hoch wie möglich aufeinanderzukleben, klebte Luisa ihre Klötze Stück für Stück nebeneinander. So entstand kein Turm, sondern eher ein Puzzle – ein kreativer und mutiger Ansatz inmitten der tüchtigen Turmbauer.

Wickeln mit der Folie

Kinder wickeln Aluminiumfolie um Papp- oder Holzkörper. Sie drücken, quetschen und schieben die Folie, bis sie passt, und entdecken dabei ihre einzigartigen Eigenschaften.

Das tun Sie

- Reißen Sie die Aluminiumfolie in Quadrate und stapeln Sie sie auf dem Tisch.
- Stellen Sie Körper aus Pappe oder kleine Schachteln auf den Tisch.

Das tun die Kinder

- Die Kinder wickeln und falten die Folie um die Körper. Sie drücken, quetschen und verschieben sie, bis sie sich an die Form des Körpers angepasst hat.

- Ermutigen Sie die Kinder, so lange mit dieser Aktivität fortzufahren, bis sie mit dem Ergebnis zufrieden sind.

Das brauchen Sie

- reißfeste Aluminiumfolie (mit Waben)
- Körper aus Pappe oder Holz oder kleine Schachteln

Tipps

- Kinder stapeln ihre mit Folie umwickelten Gegenstände gerne zu kleinen Türmen und freuen sich, wenn sie wieder umfallen.

Weitere Möglichkeiten

- Lassen Sie die Kinder verschiedene, mit Alufolie eingewickelte Körper mit farbigem Klebeband verbinden.
- Gestalten Sie mit den Kindern gemeinsam eine 3-D-Collage. Kleben Sie hierzu die Körper mit doppelseitigem Klebeband auf ein Plakat.

Erstes Weben

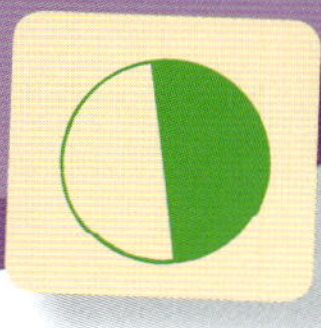

Kinder entdecken, dass Materialien nicht nur durch Klebeband und Klebstoff zusammenhalten, sondern auch durch Wickeln, Schnüren und Weben.

Das brauchen Sie

- Kreppband
- Kanthölzer
- (Foto-)Karton
- dünne Kordel
- Wolle (optional)
- Materialien zum Weben (siehe Liste unten)
- Scheren
- eine Schachtel oder ein Tablett

Materialien zum Weben

* Absperrband
* Bast
* Filz
* Papier
* Stoff
* Zeitung
* Decke
* breite Bänder
* Krepppapier
* Plastiktüten
* Maßband
* zerrissenes Hemd

Das tun Sie

- Basteln Sie für jedes Kind einen Webrahmen: Ritzen Sie die Querseite des (Foto-)Kartons oben und unten in gleichen Abständen ein. Spannen Sie nun die Kordel oder Wolle von der einen zur anderen Seite. Ziehen Sie das Ende fest und verknoten Sie es, damit sich der Faden nicht wieder löst.
- Die Materialien zum Weben (siehe Liste) schneiden Sie in Streifen und legen diese in eine Schachtel oder auf ein Tablett. Stellen Sie die Schachtel zusammen mit den Webrahmen für die Kinder gut erreichbar auf den Tisch.

Das tun die Kinder

- Regen Sie die Kinder an, verschiedene Streifen aus dem Material auszuwählen, und zeigen Sie ihnen, wie sie die Streifen durch die Löcher des Webrahmens fädeln.
- Binden, wickeln, knoten, weben – alles ist erlaubt! Die Kinder weben so lange, bis sie mit ihrem Kunstwerk zufrieden sind.

Tipps

- Jedes Kunstwerk steht für sich! Die ersten Webarbeiten der Kinder werden ungeordnet, verknotet und grob sein. Das ist angemessen und entspricht dem Alter der Kinder.
- Mit Streifen zwischen 30 und 60 cm Länge hantieren die Kinder am besten. Experimentieren Sie auch mit anderen Längen, um den individuellen Fähigkeiten gerecht zu werden.

Weitere Möglichkeiten

- Lassen Sie die Kinder Krepppapier durch ein Stück Maschendrahtzaun weben. Sollte es im Außengelände einen Maschendrahtzaun, Jägerzaun, Lattenzaun oder ein Gittertor geben, können die Kinder auch dort Krepppapier durchfädeln.
- Die Kinder können auch Wolle durch die Löcher eines Plastikwäschekorbs weben.

Geschichten aus dem Kinderatelier

Markus wählte als Material einen Streifen aus einer Plastiktüte. Zuerst hatte er keine Idee, wie er den Streifen am Webrahmen befestigen könnte. Er drückte den Streifen an den Rand des Rahmens, woraufhin er auf den Boden fiel. Als Nächstes versuchte er, den Streifen durch ein Loch zu drücken. Der Streifen blieb zwar einen Moment schwankend hängen, segelte jedoch kurz darauf auf den Boden. Markus ließ sich nicht entmutigen. Er hob den Streifen auf und wickelte ihn wieder und wieder durch ein Loch. Er hielt! Anschließend wickelte er weitere Plastikstreifen durch seinen Webrahmen, bis er vollkommen mit Plastikstreifen verknotet war.

Erste Erfahrungen mit der Schere: drei Lernschritte

Kleinkinder sind von Scheren fasziniert: Das Öffnen und Schließen der Schere ist interessant, sie schneiden Papier wie von Zauberhand und Erwachsene räumen sie immer sofort weg! Kinder können in drei Schritten sicher an das Schneiden mit der Schere herangeführt werden: dünne Rollen aus Knetmasse schneiden, von einer Wolle, die straff gehalten wird, kleine Stückchen abschneiden und selbstständiges Abschneiden von Papierstreifen. Das Schneiden mit der Schere ist schwierig. Kinder unter drei Jahren beherrschen diese Fertigkeit häufig noch nicht. Sie können jedoch davon ausgehen, dass sie Spaß am Lernen haben.

Schritt 1 – Die Wurmfabrik

Das Öffnen und Schließen der Schere ist für kleine Künstler der schwierigste Teil des Schneidens. Das In-Stücke-Schneiden von Knetteigrollen ist eine einfache, motivierende und zufriedenstellende erste Erfahrung des Schneidens.

Das brauchen Sie

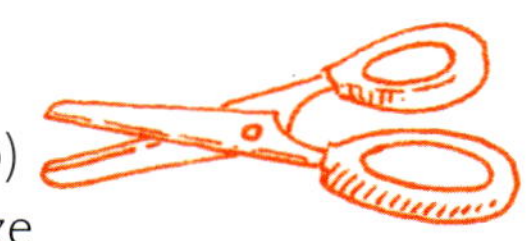

- Knetmasse (Rezept siehe Seite 40)
- Plastikscheren mit stumpfer Spitze

Das tun Sie

- Legen Sie die Knetmasse und die Scheren auf einen niedrigen Tisch.

Das tun die Kinder

- Die Kinder setzen sich für diese Tätigkeit an den Tisch. Jedes Kind nimmt sich eine Plastikschere.
- Regen Sie die Kinder an, mit den Scheren ein Stück von der Knetmasse abzutrennen.
- Die Kinder rollen den „Teig“ zu langen, dünnen Rollen – „Würmern“ oder „Würstchen“.
- Motivieren Sie die Kinder, mit den Plastikscheren an den Enden der „Würmer“ ein Stück abzuschneiden.
- **Hinweis:** Bei der ersten und zweiten Durchführung der Aktivität kann es sein, dass die Kinder die Knete und die Scheren zunächst ausgiebig erkunden und es möglicherweise gar nicht zum Zerschneiden der „Würmer“ kommt. Sobald es den Kindern jedoch gelingt, die Scheren zu halten und den „Teig“ zu schneiden, werden sie Stunden damit verbringen, Knetwürmer in zahlreiche Stücke zu zerschneiden.

Tipps

- Kleine Kinder spielen gerne mit Scheren, verwenden Sie deshalb ausschließlich Scheren, die keine scharfen Kanten und Spitzen haben. Das ist wichtig, denn die Kinder werden die Handhabung der Schere durch ständiges Öffnen und Schließen üben. Dabei halten sie die Schere häufig schief. Motivieren Sie die Kinder, die Schere zu erkunden, indem sie mit ihr im „Teig“ stochern, in ihn bohren und ihn zerschneiden.
- Alle Tätigkeiten mit Scheren sollten im Sitzen durchgeführt werden. Die Kinder lernen dadurch, beim Gebrauch von Scheren still zu sitzen und nicht herumzulaufen.
- Die Füße der Kinder sollten während der Schneideaktivität den Boden berühren. Das gibt den Kindern mehr Stabilität. Achten Sie darauf, dass die Stühle nicht zu hoch sind.
- Die meisten Kinder werden die Schere zunächst mit beiden Händen öffnen und schließen. Seien Sie offen für jede Herangehensweise der Kinder!
- Beaufsichtigen Sie die Kinder aufmerksam, während Sie mit den Scheren arbeiten.

Weitere Möglichkeiten

Lassen Sie die Kinder auch andere Arten von Teig mit Scheren zerschneiden: Gummiteig, Knete, Salzteig und andere Modelliermasse.

Schritt 2 – Die Wollfabrik

Die Kinder können mit dem Schneiden von Wolle beginnen, sobald sie in der Lage sind, die Schere zu halten und sie mit einer oder mit beiden Händen zu öffnen und zu schließen. Ziehen Sie ein Stück Wollfaden straff, den die Kinder in der Mitte durchschneiden.

Das brauchen Sie

- Kinderscheren aus Edelstahl mit Plastikgriff und stumpfer Spitze
- Wolle

Das tun Sie

- Schneiden Sie aus der Wolle mehrere lange Stränge und legen Sie diese gemeinsam mit den Kinderscheren auf den Tisch.
- Setzen Sie sich dem Kind gegenüber, sodass Sie auf gleicher Augenhöhe sind, und halten Sie ein Stück Wolle straff in Ihren Händen.

Das tun die Kinder

- Eines der Kinder schneidet die Wolle mit der Kinderschere in der Mitte durch. Nehmen Sie ein neues Stück Wolle und lassen Sie es von einem anderen Kind durchtrennen. Achten Sie bei mehreren Kindern darauf, dass jedes Kind an die Reihe kommt.
  Hinweis: Straff gezogene Wolle ist leichter zu durchtrennen als lockere.
- Lassen Sie die Wollstücke zum weiteren Experimentieren für die Kinder auf dem Tisch liegen. Wenn die Kinder älter werden, haben sie besonders viel Spaß daran, die Wollstücke in immer kleinere Stücke zu zerschneiden.

Tipps

- Geben Sie den Kindern sichere und hochwertige Scheren zum Schneiden, die nicht stumpf sind und mit denen sie die Wolle erfolgreich durchtrennen können. Beaufsichtigen Sie die Kinder beim Gebrauch der Scheren auf jeden Fall immer sorgfältig. Denken Sie daran, dass auch Kinderscheren zu Verletzungen führen können.
- Vergessen Sie nicht, dass die Kinder mit den Scheren auch ihre Haare schneiden können!

Weitere Möglichkeiten

- Wickeln Sie mehrere Wollfäden um einen geöffneten Schuhkarton und verknoten Sie diese, damit die Kinder sie selbstständig durchschneiden können.
- Sammeln Sie Wollreste oder andere Garnarten (Stickgarn, Faden usw.) für weitere Kunstprojekte.
- Lassen Sie die Kinder unterschiedliche Wollarten, Schnüre oder Geschenkpapierbänder durchschneiden.

Schritt 3 – Die Papierfabrik

Die meisten zwei- bis dreijährigen Kinder sind nach dem Üben mit Knetmasse und Wolle in der Lage, Papierstreifen zu schneiden. Sie können dann mit den Scheren selbstständig und frei weiterexperimentieren.

Das brauchen Sie

- Kinderscheren
- Papier oder Tonpapier in unterschiedlichen Farben und mit verschiedenen Oberflächenstrukturen
- einen Schuhkarton oder eine leere Plastikdose

Das tun Sie

- Schneiden Sie das Papier in 5 cm mal 15 cm große Streifen und legen Sie die Papierstreifen in eine Schachtel.
- Stellen Sie die Schachtel und die Scheren auf einem niedrigen Tisch bereit.

Das tun die Kinder

- Die Kinder setzen sich zum Schneiden auf die Stühle am Tisch. Jedes Kind nimmt sich eine Schere und einen Papierstreifen.
- Regen Sie die Kinder an, die Streifen in kleinere Stücke zu zerschneiden.
  Hinweis: Halten Sie zur Unterstützung die Papierstreifen zunächst straff, um sie von den Kindern zerschneiden zu lassen. Mit etwas Übung schaffen es die Kinder dann auch selbstständig.
- Ermutigen Sie die Kinder, die Streifen in noch kleinere Stücke zu schneiden, z. B. in Vierecke oder mit Wellenlinien.

Tipps

- Beaufsichtigen Sie die Kinder bei der Arbeit mit Scheren sorgfältig. Sie probieren ihre Schnittkunst gerne an Haaren, Kleidung, Handtüchern und Toilettenpapier aus.

Weitere Möglichkeiten

- Kleben Sie lange Papierstreifen zu Schlaufen zusammen und tackern Sie diese an den Rand eines Pappkartons. Die Kinder können das Papier dann selbstständig zerschneiden.
- Pusten Sie eine Papierschlange (Faschings-/Partypapierschlangen) auseinander und befestigen Sie diese mit durchsichtigem Klebeband auf einem Tisch. Teilen sie das Papierband mit dem Klebeband in Teilabschnitte, die die Kinder mit den Scheren zerschneiden können.

5 Zeichen setzen

… jeder einzelne Schritt in der Entwicklung der malerischen Fähigkeiten des Kindes ist überaus kostbar und wird niemals wiederkehren.

Mia Johnson, Autorin von „Understanding and Encouraging Your Child's Art"

Das Drucken ist eine einfache Methode mit einem einfachen Konzept: Zuerst wird etwas in Farbe und dann auf Papier gedruckt – schon erscheint ein schönes Muster! Eine gute Technik für kleine Kinder, da sie für diese Aktivitäten kaum eine Einführung und Anleitung brauchen. „Drück es hierhin und drück es dorthin" ist alles, was sie wissen müssen. Kinder in diesem Alter machen besonders gerne Abdrücke von ihren Händen und Füßen. Andere beliebte Aktivitäten sind das Platzenlassen farbiger Seifenblasen oder das Rollen von Autos durch Farbe, beides hinterlässt schöne Spurenmuster auf Papier.

Um Misserfolge auszuschließen, ist es bei den Aktivitäten aus dem Bereich Drucken förderlich, das Papier mit Klebeband auf dem Tisch oder Boden zu befestigen. Klatsch, plitsch, platsch, bum…! Manchmal gefallen Kindern die Geräusche, die beim Drucken entstehen, genauso sehr wie die Farben und die Muster! Wie bei jeder Kunstaktivität steht auch beim Drucken der Prozess im Vordergrund, der Kinder mehr als das fertige Kunstwerk begeistert.

Liste mit Druckmaterialien

Beaufsichtigen Sie den Gebrauch aller Materialien sorgfältig. Vergewissern Sie sich, dass nur kindgerechte und ungefährliche Materialien zum Einsatz kommen.

A

- Aluminiumfolie, zu Bällen geformt
- Ausstechförmchen

B

- Badeschwamm
- Bälle, alle Arten
- Besen (Kehrbesen, Kinderbesen)
- Blätter
- Blumen
- Gegenstände mit strukturierter Oberfläche: Klebstoff auf Pappe, leere Küchenrollen oder Handschuhe
- Bürste zum Glätten von Tapete

D

- Deckel von Gläsern, Behältern und Flaschen
- Dominosteine

E

- Eicheln
- Eierkartons
- Eisstiele
- Eiswürfel
- Erdbeerschalen

F

- Farbrollen
- Farbwalzen
- Filmdöschen
- Filzstifte, ausgetrocknet
- Finger
- Flaschenverschlusskappen
- Fleischklopfer
- Füße

G

- Gabeln
- Garn oder Bindfaden
- Garnrollen

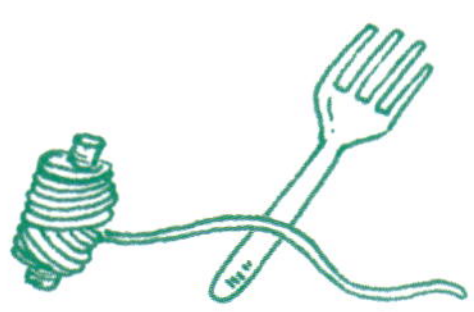

- Garnspulen, alt
- Gelatineformen
- Gewürz-, Salz- oder Pfefferstreuer (sauber)
- Golfbälle
- Gummistempel, alt
- Gussformen

H

- Hände
- Handschuhe
- Holzklötze
- Holzreste

K

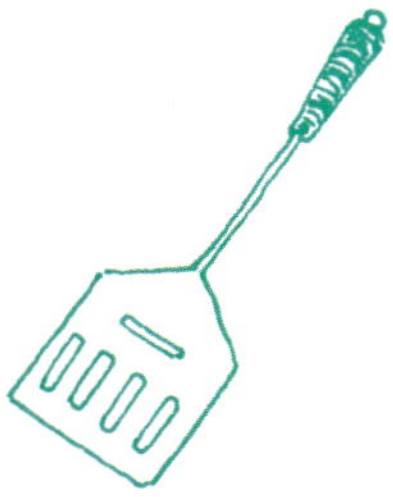

- Kämme
- Kartoffeln
- Kartoffelstampfer
- Kiefernnadeln
- Kiefernzapfen
- Knöpfe
- Konservendosen (zur Gestaltung von Kreisen)
- Kooshbälle
- Körbe aus Draht oder Bast
- Korken
- Kreppapier
- Küchenrolle
- Küchenutensilien

L

- Lockenwickler
- Löffel
- Luftpolsterfolie

M

- Maiskolben, getrocknet
- Muffinformen
- Muscheln

N

- Nudelholz, mit Stoff oder Garn umwickelt
- Nylonstrümpfe

P

- Pappbecher
- Pappe mit aufgeklebten Fäden
- Pappe, Stücke
- Pipetten
- Plastikfolie
- Pokerchips
- Pusteblume

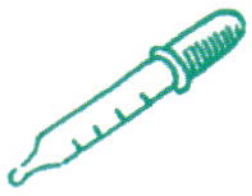

R

- Rollen
- Rückenbürsten, verschiedene

S

- Saugnäpfe
- Schaumstoffstücke
- Schlüssel
- Schrubber
- Schuhe
- Schwämme
- Seifenschale
- selbstklebende Dichtungsleiste aus Schaumgummi
- Socken, mit Sand gefüllt
- Spatel
- Spielsteine, Mühle-
- Spielzeug mit Rädern
- Spielzeug, defekte Teile
- Spielzeugautos
- Spülbürsten
- Stampfer
- Staubwedel
- Stempel
- Stöcke
- Stoffe mit verschiedenen Oberflächenstrukturen

T

- Tennisbälle
- Teppich- und Polsterstoffmuster
- Tiere, Plastik
- Toilettenbürste (selbstverständlich sauber)
- Topfreiniger
- Trichter
- Trinkhalme

W

- Wachsmalstifte
- Wäscheleine
- Wattestäbchen
- Wellholz
- Werbeprospekte
- Wolle, große Auswahl
- Wolle, um leere Küchenrolle gewickelt
- Wolle, um Pappe, Wellholz oder Holzreste gewickelt

Z

- Zahnbürsten (in der Spülmaschine gereinigt)
- Zeitung, zerknüllt
- Zierelemente aus Holz

Fleißiges Drucken

Halten Sie nach Gegenständen, die sich zum Drucken eignen, Ausschau! Mit Werkzeugen, Küchenutensilien oder Spielzeug können schöne Muster und Formen gedruckt werden.

Das brauchen Sie

- Werkzeuge zum Drucken (siehe Liste)
- Tabletts
- großflächiges Papier
- nasse Küchentücher
- flache Plastikschalen
- Temperafarbe in verschiedenen Farbtönen
- Kreppband

Das tun Sie

- Breiten Sie ein großes Blatt Papier auf dem Tisch aus und fixieren Sie es mit dem Kreppband.
- Basteln Sie Stempelkissen für jede Farbe: Stapeln Sie einige Küchentücher aufeinander und befeuchten Sie sie mit Wasser. Legen Sie die nassen Tücher in die Plastikschalen und geben Sie einen großen Klecks Farbe darauf.
- Wählen Sie einige Werkzeuge zum Drucken aus (siehe Liste) und legen Sie diese auf ein Tablett.
- Stellen Sie die Stempelkissen und das Tablett mit den Druckwerkzeugen auf den Tisch. Befestigen Sie die Stempelkissen mit dem Kreppband auf dem Tisch.

Druckwerkzeuge

- Alufolie, zu Kugeln geformt
- Ausstechförmchen
- Bindfaden
- Fliegenklatsche
- Garnrollen
- große Radiergummis
- Haarbürsten
- Kartoffelstampfer
- Kiefernzapfen
- Kiefernzweige
- Knete, zu Kugeln geformt
- Korken
- Lumpen

- Maiskolben
- Plastikbecher
- Schneebesen
- Schuhsohlen
- Schwämme
- Socken, mit Sand gefüllt
- Spielzeug
- Spielzeugautos
- Staubwedel aus Federn
- Wattestäbchen
- Wellholz

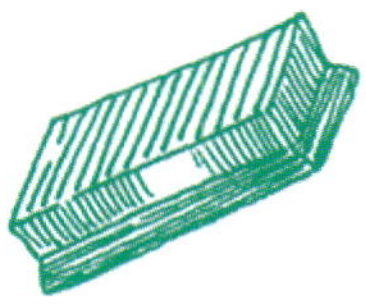

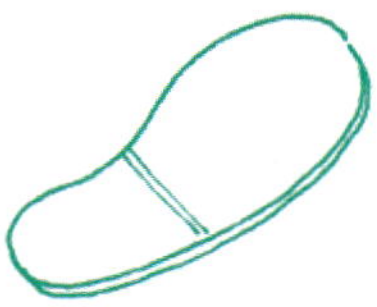

Das tun die Kinder

- Regen Sie die Kinder an, einen Gegenstand zum Drucken auszuwählen, um diesen zunächst auf das Stempelkissen und anschließend auf das Papier zu drücken.
- Hier einige Ideen und Techniken, die die Kinder in der Druckwerkstatt durchführen können:
  - eine Fliegenklatsche, einen Schneebesen oder einen Kiefernzweig auf das Farbstempelkissen drücken und damit auf das Papier schlagen;
  - ein Wellholz mit geriffelter Oberfläche durch die Farbe und anschließend über das Papier rollen;
  - Garnrollen, Ausstechförmchen oder einen Kartoffelstampfer auf das Stempelkissen und dann auf das Papier drücken;
  - einen großen Klecks Farbe in die Mitte des Papiers geben und einen Korken, eine Haarbürste oder einen Kamm in die Farbe stecken, um damit zu stempeln; ein Wellholz mit aufgeklebten Filzstoppern durch die Farbe und anschließend über das Papier rollen.

Tipps

- Stellen Sie sich darauf ein, dass die Kinder die Werkzeuge und die Farben gründlich erkunden werden, indem sie sie über das Papier reiben und schieben. Es kann dabei vorkommen, dass das Papier reißt. Lassen Sie den Experimenten der Kinder freien Lauf!

Weitere Möglichkeiten

- Bedrucken Sie mit den Kindern T-Shirts: Legen Sie vor dem Druck Zeitungspapier in die T-Shirts, damit die Farbe nicht auf die Rückseite durchdrückt. Die Kinder tunken ihre Hände oder ausgewählte Druckwerkzeuge in Stoffmalfarbe und bedrucken damit den Stoff. Lassen Sie die T-Shirts über Nacht trocknen. Zur vollständigen Fixierung bügeln Sie sie intensiv auf der linken Seite. Lassen Sie sich von den kreativen Druckbildern der Kinder überraschen!
  Hinweis: Stoffmalfarbe ist nicht auswaschbar! Die Kinder sollten bei dieser Aktivität Schutzkleidung tragen.
- Schneiden Sie Schwammtücher in unterschiedliche Formen und lassen Sie die Kinder damit drucken. Ein weiterer Spaß bringender Effekt entsteht, wenn die Kinder die Schwämme vor dem Drucken ins Wasser tunken.

Drucken mit den Fingerspitzen

Kinder tunken ihre Fingerspitzen in Lebensmittelfarbe und tupfen farbige Muster auf weißes Küchenpapier.

Das brauchen Sie

- weißes Küchenpapier
- Wasser, pro Farbe ca. 1 Esslöffel (15 ml)
- Lebensmittelfarben
- Esslöffel
- schwere, flache Schalen
- Zeitungspapier
- Wattestäbchen (optional)

Das tun Sie

- Decken Sie einen Tisch mit Zeitungspapier ab und verteilen Sie einzelne Blätter des Küchenpapiers auf dem Tisch.
- Verrühren Sie in jeder Schale 1 Esslöffel Wasser mit 4 Tropfen Lebensmittelfarbe und stellen Sie diese für die Kinder gut erreichbar auf den Tisch.

Das tun die Kinder

- Die Kinder tunken ihre Fingerspitzen in die Farben und tupfen anschließend auf das Küchenpapier. Die Kinder kreieren auf diese Weise zufällig oder gewollt ein buntes Muster.
- Das kleine Kunstwerk trocknet schnell an der Luft.

Tipps

- Kinder wischen ihre Finger häufig an ihrer Kleidung ab. Es empfiehlt sich, dass die Kinder bei dieser Aktivität auf alle Fälle Schutzkleidung tragen.
- Lebensmittelfarbe färbt die Haut, wäscht sich aber nach ein paar Tagen aus.

Weitere Möglichkeiten

- Die Kinder können statt mit ihren Fingerspitzen auch mit Wattestäbchen auf das Küchenpapier tupfen.
- Überraschung! Betrachten Sie gemeinsam das „zweite Kunstwerk“, das auf der Zeitung unter dem Küchenpapier entstanden ist.
- Lassen Sie die Kinder ihre Fingerspitzen und Daumen auf ein farbiges Stempelkissen und anschließend auf Papier drücken.
- Wenn die Kinder ihre farbigen Fingerspitzen auf Feuchttücher drücken, entsteht ein batikähnliches Muster.

Geschichten aus dem Kinderatelier

Sven tunkte seinen Finger in rote Lebensmittelfarbe und drückte ihn behutsam auf das Küchenpapier. Er beobachtete, wie das Papier die Farbe aufsaugte und ein dicker roter Punkt übrig blieb. Dann tunkte er zwei Finger in die blaue Farbe und machte dicke blaue Punkte und zog ein paar Striche. Als Nächstes tauchte er alle fünf Finger in die gelbe Farbe und presste sie auf das Küchenpapier. Sven nahm sein Kunstwerk hoch, um es gegen das Licht zu halten. Er drehte es mehrmals um und stellte fest, dass das Muster durchgedrückt hatte. „Schau!“, sagte er.

Farbtanz im Sitzen

Legen Sie laute und lebhafte Musik auf. Die Kinder gestalten mit ihren nackten Füßen, mit Gummistiefeln oder mit alten Schuhen Farbabdrücke auf einem großen Blatt Papier. Sie sitzen dabei auf einem Stuhl, tunken ihre Füße in Farbe und lassen diese über das Papier tanzen.

Das brauchen Sie

- Packpapier (ca. ½ m x 1 m oder in einer anderen Größe)
- Klebeband
- Kinderstühle
- Plastikwannen, für jede Farbe eine
- Temperafarbe, ca. 1 Tasse (240 ml) für jeden Farbton
- eine Plastikwanne mit Seifenwasser
- Handtücher
- nackte Füße, Gummistiefel oder alte Schuhe
- eine CD mit lebhafter Musik und einen CD-Player

Das tun Sie

- Befestigen Sie das Packpapier mit Klebeband auf dem Boden und stellen Sie für jedes Kind einen Stuhl darauf. Das Papier sollte so groß sein, dass jeder Stuhl ausreichend Platz darauf findet. Achten Sie auch darauf, dass die Stühle nicht zu hoch sind. Die Kinder sollten auf alle Fälle ihre Füße auf dem Boden abstellen können.
- Geben Sie die Farben in die Plastikwannen und platzieren Sie diese an der Seite.
- Stellen Sie die Plastikwanne mit Seifenwasser, die Handtücher und den CD-Player mit der eingelegten CD bereit.

Das tun die Kinder

- Die Kinder ziehen ihre Socken aus, krempeln ihre Hosen hoch und nehmen auf den Stühlen Platz. Stellen Sie die Plastikwannen mit den Farben auf das Papier, sodass die Kinder ihre Füße in die Farbe tunken können. Jedes Kind wählt dabei eine andere Farbe. Stellen Sie die Wannen anschließend beiseite.
- Schalten Sie den CD-Player mit der Musik ein.
- Die Kinder lassen nun im Sitzen ihre Füße über das Papier tanzen, bis die Farbe keinen Abdruck mehr hinterlässt. Die Kinder können ihre Füße auf Wunsch noch einmal in die Farbe tunken.

- Wenn die Kinder mit ihrem Kunstwerk fertig sind, wischen Sie ihre Füße mit dem alten Handtuch ab. Anschließend werden die Füße nochmals gründlich im Seifenwasser gereinigt. Helfen Sie den Kindern beim Säubern der Füße.

Tipps

- Zeitungsdruckereien verkaufen häufig für wenig Geld die Restbestände von unbedrucktem Zeitungspapier (Makulaturpapier). Es eignet sich hervorragend für großflächige Kunstwerke oder für Fußdruck-Kunst.
- Manche Kinder möchten ihre Füße nicht schmutzig machen. Bieten Sie ihnen Alternativen an, z. B. Fußabdrücke mit Socken oder mit Gummistiefeln zu machen.

Weitere Möglichkeiten

Papierlaufsteg: Sie können die Kinder mit Farbe an den Füßen auch über eine Papierbahn laufen und tanzen lassen. Führen Sie die Kinder bei Bedarf an der Hand.

Farbige Reifenspuren

In jedem Kind steckt ein kleiner Künstler! Vor allen Dingen, wenn es entdeckt, dass man mit Spielzeugautos, Lastwagen und Traktoren farbige Spuren erzeugen kann.

Das brauchen Sie

- eine Papierbahn
- Spielzeugautos mit Rädern in unterschiedlicher Größe und Oberflächenstruktur
  Hinweis: Jedes Spielzeug, das Räder hat, ist für diese Aktivität geeignet, z. B. Flugzeuge, Autos, Lastwagen. Spülen Sie die Farbe anschließend wieder ab oder weichen Sie das Spielzeug über Nacht in Seifenwasser ein.
- Temperafarben
- einen breiten Pinsel
- ein Tablett oder Backblech

Das tun Sie

- Legen Sie die Papierbahn an den Rand des Tisches, sodass die Kinder sie leicht erreichen können.
- Streichen Sie mit dem Pinsel eine dünne Schicht Farbe auf das Tablett oder das Backblech.
- Stellen Sie die Spielzeugautos und das Tablett an das eine Ende der Papierbahn.

Das tun die Kinder

- Regen Sie die Kinder an, die Spielzeugautos durch die Farbe zu rollen und sie anschließend über das Papier fahren zu lassen.

- Betrachten Sie gemeinsam die verschiedenen Spuren, die jedes Fahrzeug hinterlassen hat.
- Motivieren Sie die Kinder, mithilfe unterschiedlich bereifter Spielzeuge verschiedene Spuren zu kreieren.

Tipps

- Für künstlerische Aktivitäten empfiehlt es sich, altes Spielzeug zu verwenden, um sich die spätere Reinigung zu ersparen.
- Bedecken Sie bei jüngeren Kindern den ganzen Tisch mit Papier oder führen Sie die Aktivität im Freien durch.

Weitere Möglichkeiten

- Verwenden Sie für ausgewählte Fahrzeuge jeweils eine andere Farbe. Bestreichen Sie hierfür Tabletts mit unterschiedlichen Farben und stellen Sie jeweils ein Fahrzeug hinein. Jede farbige Spur kann dann genau einem Fahrzeug zugeordnet werden.
- Befestigen Sie mithilfe eines Klebebandes einen Filzstift an einem Spielzeugauto, sodass der Filzstift das Papier gerade noch berührt. Regen Sie die Kinder an, das Auto über das Papier zu schieben, um damit farbige Striche zu erzeugen.

Geschichten aus dem Kinderatelier

Auf dem Gesicht von Lars breitete sich ein breites Grinsen aus, als er die Spielzeugautos erblickte. Er klatschte in die Hände und sagte: „Lars mag Lastwagen!“ Er nahm den Lastwagen, rollte ihn durch die Farbe und anschließend über das Papier. Für sein Spiel und sein Kunstwerk brauchte Lars keine Motivation und Anleitung.

Kippen und Rollen: gepunktete Spuren

Ein kleiner Ball kippt und rollt durch eine Schachtel – schon entsteht ein schönes Muster! Die Kinder legen einen in Farbe getunkten Golfball in eine flache Schachtel, die mit Papier ausgelegt ist. Der Ball hinterlässt beim Rollen eine Spur.

Das brauchen Sie

- flache Pappschachteln (8 cm hohe Kanten)
- Papier
- kleine, schwere Schälchen
- Temperafarbe in verschiedenen Farbtönen
- Löffel
- Golfbälle

Das tun Sie

- Legen Sie den Boden der Schachteln mit Papier aus.

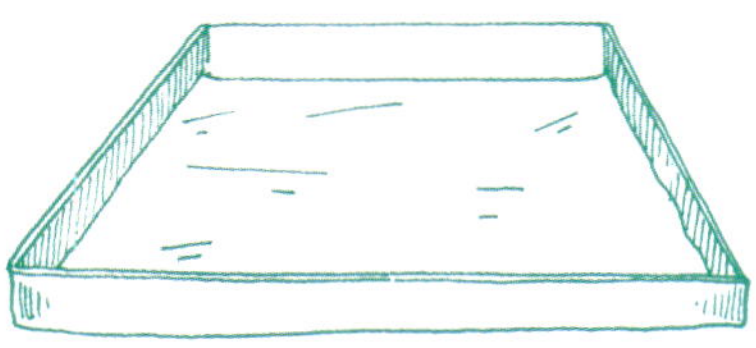

- Befüllen Sie die Schälchen mit den verschiedenen Farbtönen der Temperafarbe und stellen Sie sie zusammen mit den Löffeln und den Golfbällen auf dem Tisch bereit.

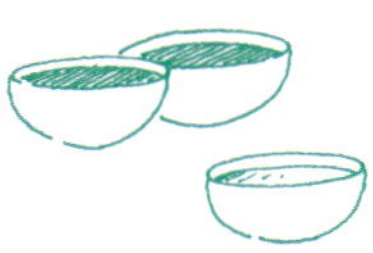

Das tun die Kinder

- Die Kinder legen in jedes Farbschälchen jeweils einen Golfball und rollen diese mit den Löffeln, sodass sie komplett mit Farbe bedeckt sind.
- Im Anschluss fischen die Kinder die Golfbälle mithilfe der Löffel aus der Schale und lassen sie in die Schachteln plumpsen. Zu Beginn wird jeweils nur ein Ball in die Schachteln gelegt, später können weitere hinzugefügt werden.

- Jedes Kind nimmt eine Schachtel und kippt diese in verschiedene Richtungen, sodass der Ball ins Rollen kommt und auf dem Papier Spuren hinterlässt. Betrachten Sie gemeinsam mit den Kindern die Farbspuren.
- Die Kinder können weitere Golfbälle in den Farbschälchen färben, um mehrere Bälle gleichzeitig in den Schachteln herumrollen zu lassen.

Tipps

- Die Kinder können die mit Farbe bedeckten Golfbälle auch mit den Händen in die Schachtel befördern. Lassen Sie die Kinder frei experimentieren.
- Kinder im Alter von ein bis drei Jahren sind lebendig und ständig in Bewegung. Es kann vorkommen, dass die Golfbälle im Raum statt in der Schachtel herumrollen. Decken Sie den Boden mit Papier ab und machen Sie daraus ein weiteres Spiel.

Weitere Möglichkeiten

- Die Aktivität kann auch mit einem Planschbecken oder einer großen Plastikwanne und einem Ball durchgeführt werden. Der Einsatz eines Planschbeckens bereitet viel Spaß, weil die Kinder beim Kippen des Beckens zusammenarbeiten müssen, um die Objekte durch die Farbe zu rollen. Geeignet sind insbesondere die folgenden Gegenstände:
  - Bocciakugel aus Plastik
  - Hockeyball
  - Jonglierball
  - Kooshball
  - Plastikspielball
  - Schaumstoffball
  - Spielball
  - Tennisball
  - Wasserball
  - Wollknäuel
- Legen Sie den Boden der Schachtel nicht mit Papier, sondern mit Aluminiumfolie oder Wachspapier aus.

Leicht gemacht: Drucken mit Seifenblasen

Das Pusten von Seifenblasen ist für Kleinkinder ein herrliches Vergnügen! Mit gefärbter Seifenlauge entdecken die Kinder, welche Formen die Blasen auf weißem Papier hinterlassen. Ein schönes Kunstprojekt für draußen.

Das brauchen Sie

- einen großen Bogen weißes Papier
- Abdeckband
- Lebensmittelfarbe
- Teelöffel
- kleine Flasche Seifenblasenlauge mit Seifenblasenring

Das tun Sie

- Kleben Sie den großen Bogen Papier in Höhe der Kinder an einen Tisch, eine Mauer, einen Zaun oder ein Garagentor.
- Bereiten Sie für jedes Kind ein Seifenblasenfläschchen vor. Füllen Sie dazu ½ bis 1 Teelöffel Lebensmittelfarbe zu der Seifenlauge in jedem Fläschchen.
- Geben Sie jedem Kind ein bereits geöffnetes Seifenblasenfläschchen.

Das tun die Kinder

- Die Kinder stellen sich dicht vor das Papier und pusten die Seifenblasen. Sie versuchen dabei, auf das Papier zu zielen.

- Uiii! Plopp! Wenn die farbigen Blasen auf das Papier treffen, platzen sie und hinterlassen kreisförmige Farbmuster.
- Wenn das Kunstwerk fertig ist, nehmen Sie einen neuen Bogen Papier oder verwenden die Rückseite.

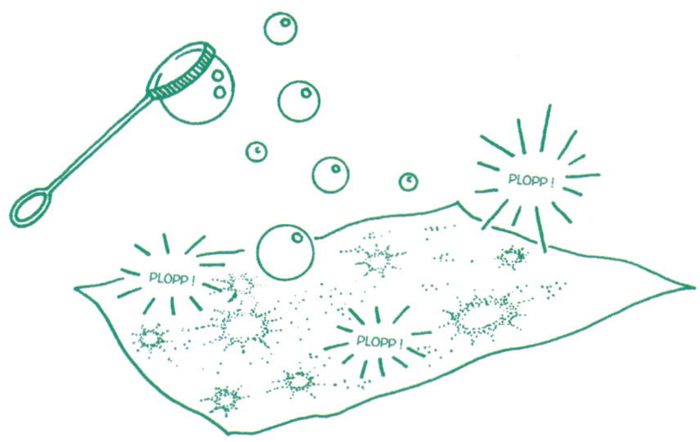

Tipps

- Helfen Sie den Kindern gegebenenfalls beim Tunken und Halten des Seifenblasenrings. Kindgerechte, tropffreie Flaschen mit Seifenblasenlauge sind im Spielwarenhandel oder bei Kindergartenausstattern erhältlich.
- Stellen Sie selbst Seifenblasenlauge her (siehe Rezepte auf S. 101). Bedenken Sie, dass die Lauge in den Augen brennt, sollten die Blasen auf den Gesichtern der Kinder zerplatzen.

Weitere Möglichkeiten

- Sie können die Aktivität auch drinnen durchführen: Die Kinder pusten Seifenblasen auf nasses Papier, das auf einem niedrigen Tisch befestigt ist.
- Joghurtbecher mit fest verschließbarem Deckel sind großartige „Seifenblasenbehälter“: Stechen Sie zwei Löcher in den Deckel und stecken Sie einen Trinkhalm durch ein Loch, das andere Loch bleibt offen. Füllen Sie den Becher mit Seifenlauge und schließen Sie den Deckel. Regen Sie die Kinder an, in den Trinkhalm zu pusten, dadurch kommen aus dem anderen Loch Seifenblasen heraus.
  Hinweis: Stechen Sie in das obere Ende des Trinkhalms ein kleines Loch, damit die Kinder lediglich pusten, aber nicht saugen können.

Ein Rezept für große Mengen Seifenblasenlauge

Zutaten
- Zuckerlösung (75 g Zucker in 500 ml Wasser aufgelöst)
- 375 ml Neutralseife
- 13 g Tapetenkleister
- 4500 ml warmes Wasser

Zubereitung
Mischen Sie die Neutralseife und den Tapetenkleister unter die Zuckerlösung. Geben Sie das warme Wasser dazu, rühren Sie gut um und lassen Sie die Lauge über Nacht ruhen.

Tipps

- Biegen Sie aus Blumendraht Seifenblasenringe in unterschiedlichen Größen und umwickeln Sie diese mit Wolle, damit die Lauge daran haften kann. Außerdem eignen sich Pfeifenreiniger zur Herstellung von Seifenblasenringen.

Ein schnelles Rezept für Seifenblasenlauge

Zutaten
- 330 ml destilliertes Wasser
- 100 ml proteinhaltiges Shampoo (z. B. Eier- oder Milchshampoo)
- 50 ml Glyzerin (aus der Apotheke)

Zubereitung
Geben Sie die Zutaten nacheinander in ein Gefäß und rühren Sie sie gut um. Die Seifenblasenlauge ist sofort gebrauchsfähig.

Tipps

- Für bunte Seifenblasen mischen Sie Lebensmittelfarbe in die Lauge.

Der Farbklecks!

Kleckse sind ein Kinderspiel! Das Erstellen von Klecksbildern ist eine der klassischen Kunsttechniken für Kinder. Die Kinder tropfen und träufeln mit einem Löffel Farbe auf ein Blatt Papier, das zusammengefaltet wird. Nach dem Öffnen entfaltet sich ein traumhaftes Kunstwerk.

Das brauchen Sie

- Papier
- Temperafarben
- flache Schalen
- Löffel
- ein Wellholz (optional)
- Holzspatel (optional)

Das tun Sie

- Falten Sie für jedes Kind einen Bogen Papier einmal in der Mitte, öffnen Sie es wieder und legen Sie es aufgeklappt auf den Tisch.
- Füllen Sie die Temperafarbe in die Schalen und legen Sie in jede Schale einen Löffel.

Das tun die Kinder

- Die Kinder tröpfeln mit den Löffeln Farbkleckse auf die Papiermitte und neben den Falz. Ermuntern Sie die Kinder dabei, unterschiedliche Farben zu verwenden.
- Falten Sie die Papiere anschließend zusammen und lassen Sie die Kinder mit der flachen Hand darüberfahren, um die Farbe im Inneren zu verteilen. Die Kinder können auch mit einem Wellholz über das Papier rollen, um die Farbe zu verteilen.
- Unterstützen Sie die Kinder beim Auseinanderfalten des Papiers und betrachten Sie gemeinsam mit den Kindern die schönen Kunstwerke.
- Lassen Sie die Klecksbilder einige Stunden trocknen.

Tipps

- Die Kinder können die Farbmenge, die auf das Papier getropft wird, leichter mit einem Holzspatel dosieren.
- Kleine Kinder tendieren dazu, die Farbe irgendwo auf das Papier zu klecksen.
- Gehen Sie davon aus, dass die Farbe beim Zusammenfalten des Papiers an den Seiten herausquellen wird. Decken Sie den Tisch bei Bedarf mit Zeitungspapier ab.

Weitere Möglichkeiten

- **Blumenkleckse:** Schneiden Sie die Kleckse aus und hängen Sie sie gemeinsam mit den Kindern an eine Gartenmauer. Jeder Klecks wird zu einer Blüte oder Blume.
- **Monsterkleckse:** Schneiden Sie die Kleckse aus und kleben Sie sie gemeinsam mit den Kindern auf ein größeres Papier. Malen Sie Beine, Augen oder anderes hinzu, die aus den einzelnen Klecksen ein Monster oder ein niedliches Fantasietier werden lassen.

Geschichten aus dem Kinderatelier

Susanne tunkte ihren Löffel in blaue Farbe und tropfte sie als Punkte und Wellenlinien auf ihr Papier. Dann nahm sie ein wenig gelbe Farbe und kippte auch diese auf das Papier. Ihren Löffel zog sie anschließend noch durch die Punkte. Danach faltete sie ihr Papier mit ein wenig Unterstützung zusammen und klopfte mit einer Hand darauf. Als sie das Papier wieder auffaltete, schaute sie erstaunt. Anstelle ihres Musters war nun ein riesiger blauer, gelber und grüner Klecks zu sehen. Sie streckte ihren Finger aus, betupfte das nasse Bild und schaute auf, als wolle sie sagen: „Hab ich das gemacht?"

Tolle Drucke mit Sackleinen

Das Drucken mit Sackleinen ist für Kinder eine neue Art des Druckens. Die Struktur des Sackleinens hinterlässt ein eindrucksvolles Muster auf dem Papier.

Das brauchen Sie

- grob gewebten Sackleinenstoff
- Temperafarben
- Plastikschalen
- feste, dicke Borstenpinsel
- Papier
- ein altes Wellholz oder eine Farbwalze (optional)
- Abdeckband

Das tun Sie

- Schneiden Sie das Sackleinen in quadratische oder DIN A 4 große Stücke.
- Geben Sie die Temperafarbe in die Plastikschale und befestigen Sie diese mit dem Abdeckband auf dem Tisch, um ein Verschütten der Farbe zu vermeiden.
- Legen Sie für jedes Kind ein zugeschnittenes Stück Sackleinen auf ein Blatt Papier und befestigen Sie beides mit dem Abdeckband auf dem Tisch.
- Halten Sie weiteres Papier für neue Drucke bereit und legen Sie das Wellholz/die Farbwalze sowie die Borstenpinsel auf den Tisch.

Das tun die Kinder

- Die Kinder tupfen die Farbe mit dem Borstenpinsel auf das Sackleinen. Das Papier wird nur durch die Löcher gefärbt, die geschützten Stellen bleiben weiß.

- Wenn die Kinder mit dem bemalten Sackleinen zufrieden sind, ziehen sie das Sackleinen vom Papier. Unterstützen Sie die Kinder dabei. Betrachten Sie gemeinsam das entstandene Muster.
- Die Kinder wiederholen die gleiche Aktivität, legen jedoch nach dem Auftragen der Farbe ein weiteres Blatt Papier auf das Sackleinen. Fixieren Sie dieses mit dem Abdeckband. Nun rollen die Kinder mit dem Wellholz oder der Farbwalze kräftig über das Papier und nehmen das Papier anschließend wieder ab.

Tipps

- Das Fixieren des Sackleinens und des Papiers auf dem Tisch ist dringend zu empfehlen, um den Kindern einen sauberen Druck zu ermöglichen.

Geschichten aus dem Kinderatelier

Vanessa tupfte rote Farbe auf ihr rotes Sackleinenquadrat. Sie versuchte, all die kleinen weißen Quadrate zu bedecken, die durch das Leinen schimmerten. Beim Entfernen des Sackleinens war Vanessa sichtlich überrascht, was für ein Muster zum Vorschein kam, und war sehr zufrieden mit ihrem Kunstwerk.

Drucken mit Luftpolsterfolie

Das Erkunden von Luftpolsterfolie ist eine aufregende Angelegenheit: Die Blasen fühlen sich witzig an und knallen beim Zerplatzen. Mit Luftpolsterfolie kann man auch schöne Drucke erzeugen.

Das brauchen Sie

- Zeitungspapier
- Luftpolsterfolie (Durchmesser der Luftpolster beliebig)
- Abdeckband
- Temperafarben in unterschiedlichen Farbtönen
- Plastikschale mit niedrigem Rand
- Pinsel
- große Bögen Papier
- einen nassen Schwamm

Das tun Sie

- Decken Sie den Tisch mit Zeitungspapier ab. Schneiden Sie die Luftpolsterfolie in quadratische (20 cm mal 20 cm) oder DIN A 4 große Stücke.
- Legen Sie für jedes Kind ein Stück Luftpolsterfolie auf den Tisch und befestigen Sie die Ränder mit Klebeband, um ein Wegrutschen zu vermeiden.
- Halten Sie ausreichend Papier für das Bedrucken bereit. Achten Sie darauf, dass das Papier größer ist als das Stück Luftpolsterfolie.

- Geben Sie von jedem Farbton der Temperafarbe einen Klecks in die Plastikschale und stellen Sie diese auf dem Tisch bereit. Fixieren Sie die Schale mit Abdeckband und legen Sie die Pinsel dazu.

Das tun die Kinder

- Die Kinder bemalen die Luftpolsterfolie mit beliebig vielen Farben. Je mehr Farben, desto mehr Spaß macht es!

- Wenn die Luftpolsterfolie vollständig mit Farbe bedeckt ist, drücken die Kinder ein Blatt Papier auf die Folie und fahren mit der flachen Hand darüber. Nach dem Abheben erscheint ein bunt bedrucktes Bild.
- Die Kinder legen das Bild zum Trocknen beiseite und wiederholen den Vorgang mit einem neuen Bogen Papier. Sollten die Kinder zu viel Farbe auf die Luftpolsterfolie aufgetragen haben, sodass das Drucken nicht mehr möglich ist, wischen Sie die Farbe mit einem nassen Schwamm ab.

Tipps

- Geben Sie den Kindern die Möglichkeit, die Luftpolsterfolie vor dem Bemalen zu erkunden, indem sie sie befühlen und die Blasen platzen lassen können. Die Malaktivität wird nach der ausgiebigen Erkundung reibungsloser verlaufen.
- Es kann vorkommen, dass die Kinder es spannender finden, die Farben in der Form zu mischen, als sie auf die Luftpolsterfolie aufzutragen.

Weitere Möglichkeiten

- Lassen Sie die Kinder Drucke von Materialien mit anderen Oberflächenstrukturen anfertigen, z. B.
  - Drahtgitter,
  - Fußmatte,
  - glatte Aluminiumfolie,
  - Kies,
  - Muffinform,
  - Rasen,
  - Sackleinenstreifen,
  - Sperrholz.
- Kleben Sie unterschiedlichste Gegenstände auf Pappe und geben Sie diese den Kindern zum Drucken. Folgende Gegenstände können Sie aufkleben:
  - Abdeckband,
  - Schnur,
  - Wollfaden,
  - Flaschendeckel,
  - Knöpfe,
  - Lederstücke,
  - Pflaster.

Geschichten aus dem Kinderatelier

Julia drückte immer wieder mit ihrem Finger oder Daumen auf die Blasen der Luftpolsterfolie. Doch was sie auch tat, sie brachte keine einzige Blase zum Zerplatzen. Schließlich legte sie die Luftpolsterfolie auf den Boden und sprang mit beiden Füßen darauf. Es knallte laut! Nicht nur eine Blase war zerplatzt!

Stempeln und Rollen

Nach den vielfältigen Erfahrungen mit dem Drucken von Alltagsgegenständen sind die Kinder bereit für neue Experimente, die viel Druckvermögen abverlangen. Die Kinder sammeln neue Erfahrungen beim Drucken mit einem großen Holzklotzstempel und einer Wellholzdruckrolle!

Großer Holzstempel

Das brauchen Sie

- ein altes Mousepad oder Moosgummi
- Scheren
- ein flaches Holzstück (30 mal 30 cm)
- Bastelleim oder eine Klebepistole (optional)
- befeuchtetes Küchenpapier
- ein großes Tablett (größer als der Holzklotz)
- Temperafarben
- einen großen Bogen Papier, Packpapier, Papierbahn
- Klebeband

Das tun Sie

- Schneiden Sie zusammen mit den Kindern beliebige Formen, Muster, Buchstaben oder Zahlen aus einem alten Mousepad oder aus Moosgummi aus. Kleben Sie die Formen auf eine Seite des Holzstücks und lassen Sie es über Nacht trocknen.

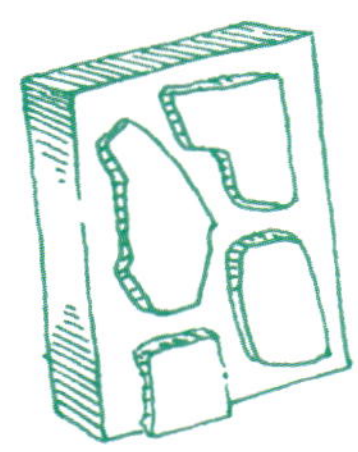

- Basteln Sie ein Stempelkissen: Legen Sie das befeuchtete Küchenpapier auf das Tablett und geben Sie ein wenig Temperafarbe darauf. Für einen bunten Druck verwenden Sie mehrere Farbtöne. Bei Wiederholung der Aktivität können Sie auch mehrere Tabletts mit unterschiedlichen Farbtönen vorbereiten.

- Decken Sie den Fußboden mit Zeitungspapier ab und legen Sie den Papierbogen darauf. Fixieren Sie beides mit Klebeband am Boden, um ein Wegrutschen zu vermeiden. Legen Sie das gebastelte Stempelkissen und den Holzstempel dazu.

Das tun die Kinder
- Die Kinder drücken den Holzstempel zunächst mit der strukturierten Seite auf das Stempelkissen und anschließend auf das Papier. Für einen guten Druck arbeiten alle Kinder zusammen, indem Sie mit beiden Händen auf den Stempel drücken. In der Regel kann mit einer Farbschicht mehr als ein Abdruck erstellt werden.
- Die Kinder können beliebig viele Stempelabdrücke machen.

Mit dem Wellholz drucken

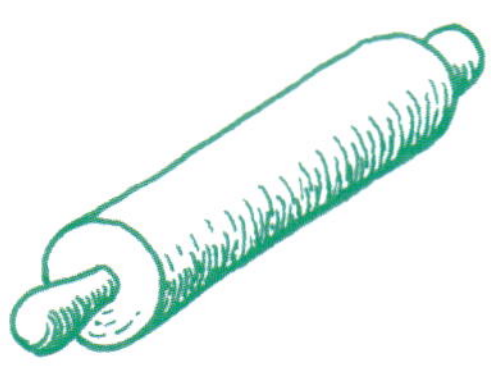

Das brauchen Sie
- ein Wellholz
- Wolle
- Klebstoff
- befeuchtetes Küchenpapier
- Temperafarben
- ein großes Tablett
- einen großen Bogen Papier, Packpapier, Papierbahn

Das tun Sie
- Wickeln Sie zusammen mit den Kindern Wolle um ein oder mehrere Wellhölzer. Fixieren Sie die Wolle bei Bedarf mit dem Klebstoff.
- Folgen Sie für die Vorbereitung des Stempelkissens und der Papierunterlage der Arbeitsanweisung unter „Großer Holzstempel“.

Das tun die Kinder
- Die Kinder rollen das Wellholz zunächst über das Stempelkissen und anschließend über das Papier. Betrachten Sie gemeinsam, welche Spuren und Abdrücke die mit Farbe getränkte Wolle auf dem Papier hinterlässt.
- Das Rollen des Wellholzes macht den Kindern auf einer langen Papierbahn noch mehr Spaß!

Weitere Möglichkeiten
Sie können auch andere strukturierende und Muster erzeugende Materialien auf den Holzklotz oder das Wellholz kleben, z. B.
- dickes Klebeband,
- Filz- oder andere Stoffreste,
- Klebefolie,
- Pappe,
- Fahrradschlauch,
- Gel- und Hühneraugenpflaster,
- Schuheinlagen,
- Pflaster.

Geschichten aus dem Kinderatelier
Marc klebte Gel- und Hühneraugenpflaster auf ein altes Wellholz, rollte damit über den Tisch und lauschte dabei aufmerksam den rumpelnden Geräuschen. Dann rollte er das Wellholz durch die Farbe und anschließend kreuz und quer über einen großen Bogen Papier, bis die gesamte Farbe verbraucht war. Besonders lustig daran war, dass er beim Rollen mit seinen Knien durch die frische Farbe rutschte. Zum Glück hatte er seine Künstlerkleidung an!

6 Kunstrequisiten für Kleinkinder

Vorstellungskraft ist wichtiger als Wissen ...

Albert Einstein

Die Gestaltung einer anregenden Umgebung und das Bereitstellen von Requisiten, die die Kinder zur Kreativität und zur Nutzung der Materialien anregen, sind unabdingbar. Das gemeinsame Anfertigen dieser anregenden Kunstrequisiten spart Geld und bietet gleichzeitig die Möglichkeit zur Interaktion.

Die Aktivitäten umfassen neben ungewöhnlicheren künstlerischen Tätigkeiten (Farbenmischen in der Flasche) auch Vorschläge zur Präsentation und Ausstellung der Kunstwerke (Kunst-Sammelbuch). Integrieren Sie die Kinder bei der Erstellung einfacher Kunstrequisiten (Staffeleien), um ihnen auch hier kreative Entdeckungen und Erfahrungen zu ermöglichen. Die Materialien für die Requisiten finden sich in jedem Haushalt oder können kostengünstig im Supermarkt gekauft werden.

Staffelei für den Tisch

Basteln Sie eine einfache Staffelei aus Pappe. Sorgen Sie dafür, dass die Staffelei immer mit frischem Papier und Wachsmalstiften ausgestattet ist, sodass die jungen Künstler jederzeit darauf malen können.

Das brauchen Sie

- einen festen Pappkarton
- eine Handsäge oder ein Zackenmesser zum Zerschneiden des Kartons
- Klebeband
- Wolle oder Schnur
- Wachsmalstifte, Filzstifte, Kreide
- Abdeckband oder Paketband
- Klemmhalter, z. B. für großes Papier oder Heftmappen
- Papier

Das tun Sie

- **Basteln der Staffelei:** Entfernen Sie mit der Handsäge oder dem Zackenmesser den Deckel, den Boden und eine Seitenwand des Pappkartons. Falten und verkleben Sie das verbleibende Stück zu einem Dreieck. Die Staffelei ist am stabilsten, wenn sie aus einem Kartonstück gefertigt wird und alle Seiten die gleiche Länge haben.
- **Aufstellen der Staffelei:** Stellen Sie die Staffelei auf einen niedrigen Tisch, sodass die geklebte Kante oben ist. Die Wolle und das Papier können Sie so leicht an jeder Seite festklemmen. Fixieren Sie mit Klebeband den Boden der Staffelei am Tisch.

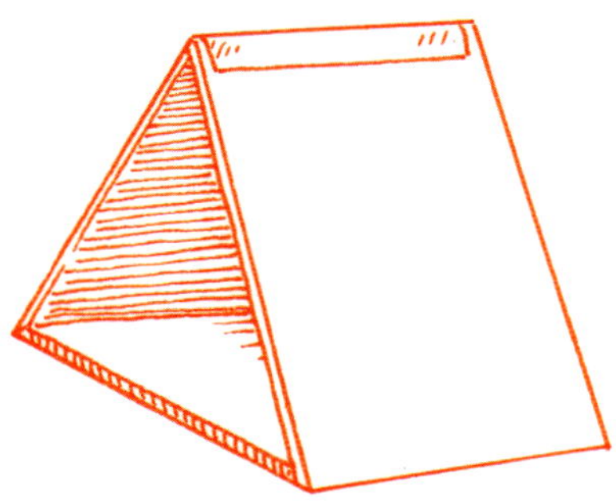

- **Malutensilien für die Staffelei:** Befestigen Sie die Filz- oder Wachsmalstifte an der Staffelei, indem Sie die Wolle um die Stiftenden knoten und zusätzlich mit dem Klebeband fixieren. Befestigen Sie das andere Ende der Wolle an der Spitze der Staffelei. Achten Sie darauf, dass die Länge des Wollfadens ausreicht, um mit dem Stift auf der gesamten Vorderseite der Staffelei malen zu können. Wachsmalstifte können Sie an einem Ende einkerben und die Wolle für besseren Halt in die Kerbe wickeln. Die „Sicherung" der Malutensilien empfiehlt sich, um zu verhindern, dass die Kinder mit den Farben die Wände bemalen!

- **Papier für die Staffelei:** Kleben Sie mit dem Klebeband ein Bogen Papier auf die Vorderseite der Staffelei. Zur Befestigung mehrerer Papiere verwenden Sie Klemmhalter oder Wäscheklammern mit Springfederverschluss.

Das tun die Kinder

- Die Kinder können die Staffelei nach Belieben benutzen, indem sie mit den Filz- oder Wachsmalstiften auf dem Papier malen oder kritzeln.
- Entfernen Sie das Papier und befestigen Sie ein neues, wenn die Kinder ein Kunstwerk beendet haben. Sie können das Papier auch umdrehen und von beiden Seiten bemalen lassen.
- Die Kinder können auf diese Weise immer wieder neue Kunstwerke anfertigen.

Tipps

- Kinder malen gerne im Stehen und mit Begeisterung auf vertikale Flächen! Das Malen in aufrechter Position entspricht der natürlichen Haltung und erleichtert den Kindern das Betrachten ihrer Zeichnungen.
- Stellen Sie die Staffelei nicht in der Nähe von Wänden und Möbeln auf, um das Bekritzeln dieser zu unterbinden.

Weitere Möglichkeiten

- **Wandstaffelei:** Kleben Sie einen großen Bogen Packpapier an die Wand. Befestigen Sie ein Ende der Schnur an einem Ende der Wachsmal- oder Filzstifte und kleben Sie das andere Ende der Schnur in die Mitte des Ölpapiers. Stellen Sie sicher, dass mithilfe der Schnur keine Wandbereiche erreicht werden können, die nicht bemalt werden sollen.
- Variieren Sie den Standort der Staffelei, damit die Kinder das Malen und Zeichnen im Stehen und im Sitzen ausprobieren können.
- Eine alte Cornflakespackung eignet sich gut als Tischstaffelei: Entfernen Sie den Deckel, den Boden und ein schmales Seitenteil. Die Kinder können die „graue" Innenseite der Schachtel bemalen oder bedrucken. Anschließend verkleben Sie die offenen Seiten, sodass das Kunstwerk von alleine stehen kann.

Pizzaschachtel-Staffelei

Aus einer großen Pizzaschachtel kann schnell und ohne Schneiden des Kartons eine Tischstaffelei hergestellt werden.

Das brauchen Sie

- eine extra große Pizzaschachtel
- Abdeckband oder Paketklebeband
- einen leeren Milchkarton
- scharfe Scheren
- zwei Plastikbecher oder ausgewaschene Joghurtbecher
- Filzstifte
- Sand
- Zeitungspapier
- großes, weißes Papier
- Temperafarbe in mindestens zwei Farbtönen
- Pinsel

Das tun Sie

- **Basteln der Staffelei:** Öffnen Sie die Pizzaschachtel und stellen Sie sie so auf den Tisch, dass die beiden Seiten als abgeschrägte Malflächen fungieren und sie von den Kindern gut erreichbar sind. Befestigen Sie die Kanten der Schachtel mit dem Abdeckband am Tisch.

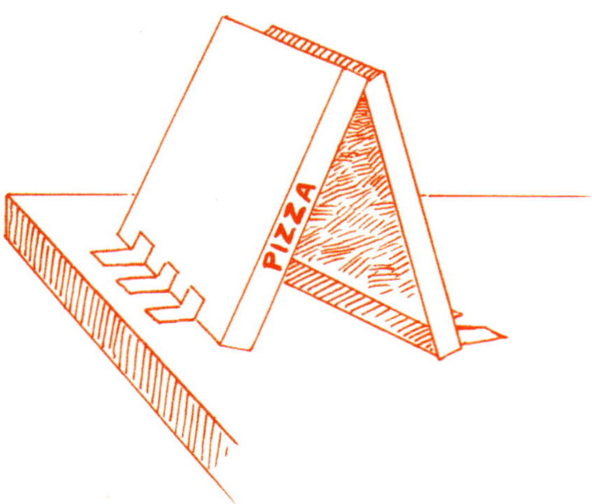

- **Basteln des Farbbecherhalters:** Legen Sie die zwei Becher mit ihren Öffnungen auf die Längsseite des Milchkartons und zeichnen Sie deren Umrisse nach. Schneiden Sie die beiden Kreise mit der Schere aus. Stellen Sie nun die Becher in die Löcher des Milchkartons und füllen Sie diesen zur Hälfte mit Sand, um ein Wegrutschen zu verhindern.
- Decken Sie den Boden unter dem Tisch und den Platz vor der Staffelei mit Zeitungspapier ab.
- Befestigen Sie auf der Vorder- und Rückseite der Pizzaschachtel-Staffelei weißes Papier.
- Füllen Sie die Temperafarbe in die Becher und stellen Sie den Becherhalter neben die Staffelei. Die Pinsel legen Sie daneben.

Das tun die Kinder

- Die Kinder tunken die Pinsel in die Farbe und malen damit auf dem Papier der Pizzaschachtel-Staffelei.
- Regen Sie die Kinder dazu an, die Farben auf dem Papier zu mischen und beobachten Sie gemeinsam, welche neue Farbe daraus entsteht. Die Kinder malen so lange, wie sie wollen.
- Wenn die Kinder mit ihrem Kunstwerk fertig sind, helfen Sie ihnen, das nasse Gemälde von der Staffelei zu lösen und es zum Trocknen beiseitezulegen. Bereiten Sie neue Papierbögen vor und lassen Sie die Kinder je nach Interesse beliebig viele Bilder malen.

Tipps

- Die Pizzaschachtel-Staffelei ist nicht so stabil wie die Tischstaffelei (Seite 110f.). Für das Malen mit dem Pinsel ist sie jedoch hervorragend geeignet, da es weniger Druck erzeugt als das Malen mit Stiften.
- Muffinformen, Eierkartons, Joghurtbecher oder Eiswürfelbehälter eignen sich gut als Farbpalette.

Weitere Möglichkeiten

- Rollen Sie die Kunstwerke der Kinder zur Aufbewahrung zusammen und stecken Sie sie in leere Küchen- oder Geschenkpapierrollen.
- Variieren Sie die Größe, Farbe und Form des Papiers.

Kindgerechter Filzstifthalter

Basteln Sie mit den Kindern einen Filzstifthalter! Der Stifthalter regt die Kinder zum Benutzen der Filzstifte an und gleichzeitig trägt er ihrer Vorliebe Rechnung, Dinge in Löcher zu stecken.

Das brauchen Sie

- einen Rührlöffel oder einen Farbstock
- ca. 3 bis 5 Tassen (1 Liter bis 1¼ Liter) Gipspulver
- einen Messbecher
- Wasser
- einen Eimer oder eine Schüssel
- einen kleinen Schuhkarton oder eine Kastenbackform
- eine Packung wasserlöslicher Filzstifte

Das tun Sie

- Mischen Sie gemeinsam mit den Kindern in einem Eimer oder einer Schüssel das Gipspulver mit dem Wasser an. Rühren Sie so lange, bis die Mischung die Konsistenz von dicker Creme annimmt.
- Geben Sie die Wasser-Gips-Mischung in den Schuhkarton oder in die alte Kastenbackform. Das Gemisch sollte den Boden mit einer ca. 5 cm hohen Schicht bedecken. **Wichtig:** Kippen Sie überschüssigen Gips nicht in den Abfluss, das führt zu Verstopfungen. Entsorgen Sie den Gips nach dem Trocknen im Mülleimer.

- Drücken Sie die Filzstiftkappe mit der Öffnung nach oben zeigend und bis zur Hälfte **in den noch nassen Gips.**

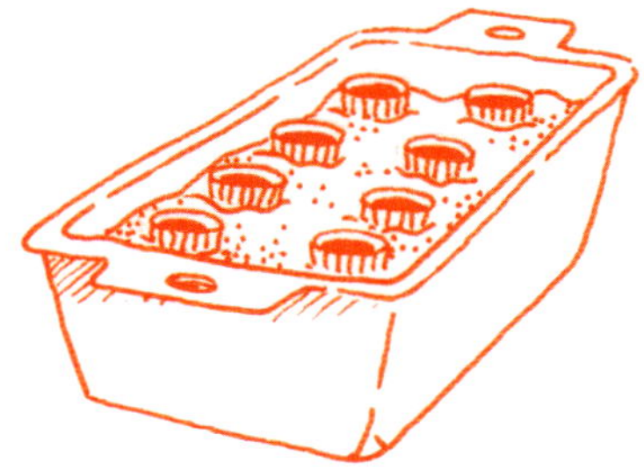

- Nach dem Trocknen des Gipses (er trocknet ziemlich schnell!), sind die Kappen dauerhaft im Gips eingebettet.
- Stecken Sie die Filzstifte in ihre Kappen. Der Stifthalter sieht dann wie ein Geburtstagskuchen mit Kerzen aus!

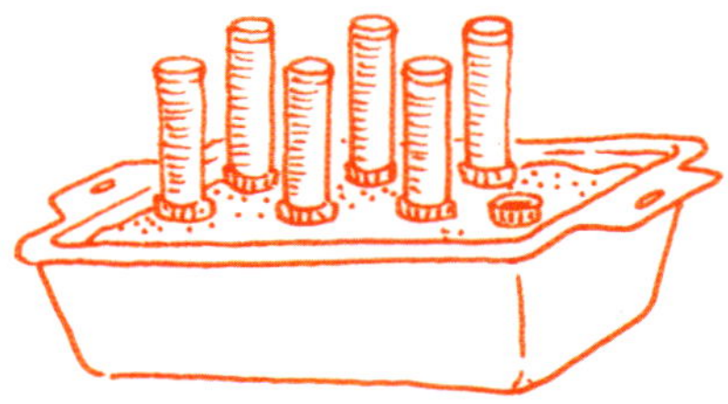

- Die Kinder können die Filzstifte nach Belieben verwenden und nach dem Gebrauch in den Stifthalter zurückstecken.

Tipps

- Wasserlösliche und auswaschbare Filzstifte mit breiter Spitze eignen sich am besten für Kleinkinder. Häufig verbleiben trotz der Auswaschbarkeit Farbreste in den Textilien. Es empfiehlt sich, den Kindern auch beim Umgang mit Filzstiften Künstlerkleidung anzulegen.
- Kinder bemalen liebend gerne ihre Hände, Gesichter und ihre Haut mit Filzstiften. Diese Kunstwerke lassen sich durch einmaliges Abwaschen nur schwer entfernen. Nach mehrmaligem Waschen verschwinden sie jedoch.
- Kleinkinder stecken Filzstifte gerne in den Mund und saugen daran. Halten Sie sie deshalb sorgfältig im Auge, um gefärbte Lippen und Zähne zu vermeiden.
- Verwenden Sie nur Filzstifte mit dem Prädikat „ungiftig“! Die meisten Filzstifte mit dem Vermerk „permanent“ sind giftig!

Kleine Filzstifttafel

Basteln Sie die Mini-Version einer Zaubertafel! Die tragbare Tafel eignet sich zur Unterhaltung der Kinder auf Reisen, im Restaurant und beim Arztbesuch.

Das brauchen Sie

- Material für ein Whiteboard, z.B. weißes Plexiglas oder Spanplatten mit weißem Melamindekor (erhältlich in Baumärkten)
- weißes Isolierband
- abwaschbare Filzstifte (non permanent)
- eine Socke

Das tun Sie

- Kaufen Sie in einem Baumarkt passendes Material für ein oder mehrere Whiteboards. Das kann eine weiße Plexiglasscheibe oder eine Spanplatte mit weißem Melamindekor sein. Lassen Sie sich das Material in 30 mal 30 cm große Quadrate zuschneiden.
- Kleben Sie die rauen Kanten vor dem Gebrauch mit dem weißen Isolierband ab.
- Die Kinder bemalen das Whiteboard mit den Filzstiften und verwenden die alte Socke, um ihre Kunstwerke und Zeichnungen wieder wegwischen zu können.

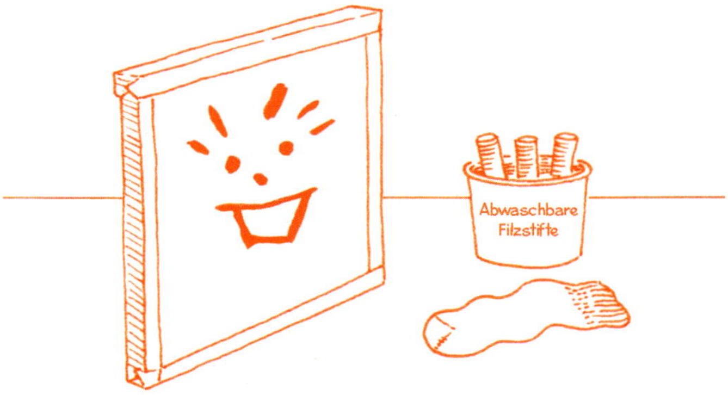

- Die Kinder reinigen die Tafel auch gerne, indem sie sie mit Wasser besprühen und anschließend mit einem alten Handtuch abwischen.
- Whiteboards sind vielseitig einsetzbar: Setzen Sie sie auf Staffeleien oder als Oberfläche eines Kindertischs ein oder befestigen Sie sie mit Schrauben an der Wand.

Kleine Kreidetafel

Mit Kreide zu malen und sie wieder abzuwischen, macht Spaß! Basteln Sie für die Kinder eine kleine Kreidetafel. Ein alter Strumpf über eine Hand gezogen ist ein toller Radiergummi!

Das brauchen Sie

- Tafelfarbe (erhältlich im Baumarkt)
- dicke Pappe oder eine Holzfaserplatte
- Pinsel
- Schneiderscheren oder eine Säge
- Kreide
- eine Socke
- einen Schwamm und Wasser (optional)

Das tun Sie

- Schneiden Sie die Pappe oder die Holzfaserplatte für eine Tafel in der Größe 45 cm mal 60 cm zu.
- Tragen Sie die Tafelfarbe mit dem Pinsel in drei Schichten auf. Lassen Sie die Farbe nach jedem Anstrich gut trocknen, bevor Sie die nächste Schicht auftragen.

Das tun die Kinder

- Die Kinder können die Tafel nach dem vollständigen Trocknen mit handelsüblicher Kreide bemalen und sie mit einer alten Socke abwischen.
- Kinder malen auch gerne mit Wasser auf die Tafel. Geben Sie ihnen hierfür nasse Schwämmchen.

Weitere Möglichkeiten

- Zum Herstellen einer Tafel können Sie auch selbstklebende Tafelfolie verwenden. Diese eignet sich darüber hinaus zum Bekleben von Pappschachteln, Holzbrettern, Tischflächen, Türen oder Wänden.
- Basteln Sie für die Kinder kleine Pappkreidetafeln in unterschiedlichen Formen, z. B. in Fisch- oder Apfelform, die sie mit Kreide bemalen können und die leicht zu handhaben sind.

Kunst-Sammelbuch

Basteln Sie zur Aufbewahrung und zum Sammeln der Kunstwerke ein Buch, das die Kinder von Zeit zu Zeit anschauen können. Da das Buch aus strapazierfähigen Gefrierbeuteln mit Zippverschluss gebastelt wird, können die Kunstwerke jederzeit durch eine neue Auswahl ersetzt werden.

Das brauchen Sie

- Gefrierbeutel mit Zippverschluss (groß, strapazierfähig, durchsichtig)
- Nadel und Faden oder eine Nähmaschine
- Aktendeckel oder bunte Pappe
- Scheren
- Fotos
- Kunstwerk, auf die Größe des Beutels zugeschnitten

Das tun Sie gemeinsam mit den Kindern

- Stapeln Sie für jedes Kunst-Sammelbuch mehrere Gefrierbeutel (mindestens vier) übereinander. Achten Sie darauf, dass die Zippverschlüsse immer auf derselben Seite liegen.

- Nähen Sie die Beutel an den gefalzten Seiten mit gleichmäßigen Stichen zusammen. Die Seite mit den Zippverschlüssen liegt dabei außen (siehe Illustrationen). Sie können die Beutel auch mit einer Nähmaschine zusammennähen.

Alternative: Verwenden Sie statt der Gefrierbeutel Klarsichthüllen oder Reißverschlusstaschen aus dem Bürofachhandel.

- Schneiden Sie die Aktendeckel oder die bunte Pappe auf die Größe der Beutel zu. Schieben Sie die Pappstücke als Verstärkung in jeden Beutel.

- Gestalten Sie den ersten Beutel als Cover. Kleben Sie gemeinsam mit den Kindern ein Foto auf die Pappe oder lassen Sie die Kinder einen Handabdruck darauf machen. Beschriften Sie das Cover mit einem Titel, z. B. „Meine Kunst" oder „Kunst von Emma".
- Schieben Sie in jeden Beutel zwei Kunstwerke: Eines vor den Aktendeckel, eines dahinter. Das Kunst-Sammelbuch eignet sich besonders gut für Kunstwerke mit Glitter oder anderen losen Teilen, die in den Beuteln geschützt werden.
- Blättern Sie mit den Kindern von Zeit zu Zeit gemeinsam durch das Buch und betrachten Sie die Kunstwerke.
- Ergänzen Sie das Buch von Zeit zu Zeit durch neue Kunstwerke oder tauschen Sie diese aus. Halten Sie die Entwicklung, die Erfahrungen und die Erlebnisse der Kinder schriftlich fest und legen Sie diese Texte ebenfalls in das Kunst-Sammelbuch.

Weitere Möglichkeiten

- Stanzen Sie Löcher in die Beutel und binden Sie die Beutel mit Wollfäden zu einem Kunst-Sammelbuch zusammen.
- Nähen Sie die Gefrierbeutel zu einer „Steppdecke" oder einem Wandteppich zusammen, um Kunstwerke ausstellen zu können.

Fabelhafte Rahmen

Verwenden Sie alte Holzbilderrahmen, um die Kunstwerke der Kinder auszustellen. Gute und kostengünstige Bezugsquellen für Rahmen sind Flohmärkte und Gebrauchtwarenläden.

Das brauchen Sie

- alte Holzbilderrahmen, alle Größen
- Reinigungsmittel und Lappen
- Draht und Aufhängevorrichtungen
- Pappe (als Verstärkung)
- Scheren
- Kunstwerke der Kinder
- Klebeband

Das tun Sie gemeinsam mit den Kindern

- Säubern Sie die alten Rahmen mit geeigneten Reinigungsmitteln und entfernen Sie eventuell vorhandene Bilder oder Fotografien aus den Rahmen.
- Bringen Sie auf der Rückseite des Rahmens einen Draht oder andere Vorrichtungen zum Aufhängen an, falls diese fehlen sollten.
- Schneiden Sie die Pappe in der Größe der Rückseite des Rahmens zu und kleben Sie das Kunstwerk eines Kindes in die Mitte.
- Drehen Sie den Rahmen um und befestigen Sie die Pappe mit Klebeband im Rahmen.
- Hängen Sie den Rahmen mit dem Kunstwerk des Kindes auf. Sie können das Kunstwerk jederzeit auswechseln oder auf Dauer hängen lassen.
- Fertigen Sie unterschiedliche Rahmen für das Ausstellen der Kunstwerke der Kinder an. Dekorieren Sie eine ganze Wand.

Weitere Möglichkeiten

- Rahmen Sie die Kunstwerke der Kinder mit Passepartout und Glas. Schön gerahmte Kunstwerke sind prädestiniert dazu, zum Familienerbstück zu werden.
- Starten Sie eine Wechselausstellung mit gerahmten Fotos.

Rahmen für die Kühlschranktür

Kühlschranktüren oder andere metallische Oberflächen bieten sich hervorragend für Wechselausstellungen an! Stecken Sie die Kunstwerke der Kinder in Klarsichthüllen und befestigen Sie diese mit Magneten an der Kühlschranktür.

Das brauchen Sie

- selbstklebende Magnetstreifen oder -bögen (erhältlich in Bastelgeschäften oder im Fachhandel für Bürobedarf)
- durchsichtige Klarsichthüllen
- Scheren
- eine Kühlschranktür
- Kunstwerke der Kinder

Das tun Sie gemeinsam mit den Kindern

- Schneiden Sie die Magnetstreifen oder -bögen in dünne Streifen und befestigen Sie diese an den Ecken der Klarsichthülle.
- Drücken Sie die Klarsichthülle an eine Kühlschranktür, einen Aktenschrank oder an eine beliebige andere Oberfläche aus Metall. Sie sollte daran haften bleiben.
- Schieben Sie ein Kunstwerk eines Kindes als Ausstellungsobjekt in die Klarsichthülle.

- Das Kunstwerk kann jederzeit ausgetauscht werden.

Weitere Möglichkeiten

- Befestigen Sie mehrere „Kühlschrank-Rahmen“ auf dem Kühlschrank.
- Regen Sie die Kinder an, Bilder in der Größe von CD- oder DVD-Covern anzufertigen. Verwenden Sie die CD- und DVD-Hüllen zur Ausstellung der Kunstwerke.

Ein Kunstbuch als Erinnerungsstück

Sammeln Sie das ganze Jahr hindurch Kunstwerke und Fotos der Kinder und stellen Sie diese als Kunstbuch zusammen. Das aufwendige Zusammenstellen des Buches lohnt sich in jedem Fall, da es das Kind bis ins Erwachsenenalter als Erinnerungsstück begleitet.

Das brauchen Sie

- Kunstwerke der Kinder
- Fotos
- Scheren
- Büroklammern
- Gummiklebemasse
- einen Kopierladen oder Bindeservice

Das tun Sie gemeinsam mit den Kindern

- Sammeln Sie das ganze Jahr hindurch die Kunstwerke und Fotos der Kinder. Zur Aufbewahrung eignen sich große Sammelmappen oder Aktendeckel in einem Karton.
- Lassen Sie in einem Kopierladen aus dicker Pappe als Vorder- und Rückseite und aus etwas dickerem, buntem Papier als „Buchseiten" ein Buch binden. Es bietet sich an, das Cover durch eine Klarsichtfolie schützen zu lassen. Wählen Sie als Bindung eine Plastikspiral- oder Drahtkammbindung, sodass sich das fertige Buch leicht öffnen und umblättern lässt.

- Schneiden Sie gemeinsam mit den Kindern ihre Kunstwerke und Fotos auf das passende Format zurecht und befestigen Sie sie zunächst mit Büroklammern an den Seiten, bevor Sie die Platzierung endgültig festlegen. Die Anordnung der Kunstwerke könnte chronologisch oder themenorientiert erfolgen. Mögliche Kategorien könnten z. B. folgende sein: Fotos vom Kind, Lieblingsspielorte, Freunde, Ausflüge und Spielsachen.

- Nach dem Festlegen der Anordnung befestigen Sie die Kunstwerke und Fotos mit der Gummiklebemasse auf den Seiten. Lassen Sie für letzte, mögliche Ergänzungen am Ende des Buches einige Seiten leer.
- Dekorieren Sie das Cover mit einem Kunstwerk oder dem Handabdruck des Kindes. Schreiben Sie auch die Jahreszahl der Entstehung hinzu.
- Schauen Sie sich die Kunstbücher von Zeit zu Zeit mit den Kindern an. Jedes Kind wird dieses Buch bis ins Erwachsenenalter wie einen Schatz hüten.

Weitere Möglichkeiten

- Gestalten Sie einige Seiten des Buches mit Pappklappen, die die Kinder aufklappen und darunter ihre Kunstwerke entdecken können.
- Beziehen Sie die Kinder bei der Gestaltung des Buches auf jede erdenkliche Art mit ein, die Spaß macht und bedeutsam ist. Bitten Sie die Kinder, Ihnen bei der Auswahl der Kunstwerke, der Fotos und der Farbe des Papiers zu helfen.

Kritzelbuch

Welches ein- bis dreijährige Kind hat noch nie in ein Bilderbuch gekritzelt? Die Kinder basteln aus buntem Papier ein einfaches Buch, das zum Kritzeln anregt.

Das brauchen Sie

- eine Auswahl an gesammeltem Papier (siehe Liste unten)
- Scheren
- Tacker
- Filz- und Wachsmalstifte

Papier: Vorschläge

- alte Poster
- Backpapier
- braune Papiertüte
- farbiges, zerknittertes Transparentpapier
- Frühstücksbeutel aus Papier
- Geschenkpapier
- Klarsichtfolie oder Frischhaltefolie (klar und farbig)
- Klebefolie mit rückseitiger Schutzfolie
- Packpapier
- Pergamentpapier
- Plastiktüte
- reißfeste Alufolie
- Seidenpapier
- Stoffstücke
- Tapete
- transparente Stoffe, Baumwollstoffe
- Wachspapier
- Zeitungspapier

Das tun Sie

- Schneiden Sie alle Papiere auf die gleiche Größe zurecht, z. B. in quadratische Stücke (ca. 25 mal 25 cm).

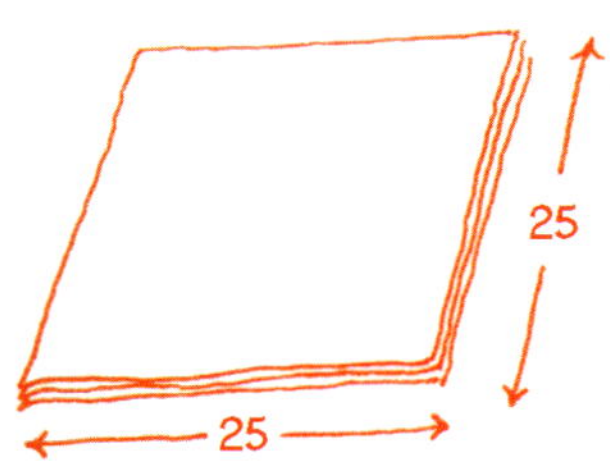

- Legen Sie die Papiere aufeinander und tackern Sie sie an einem Seitenrand zusammen. Sollten die Seiten von einer Papiersorte unterschiedlich sein, z. B. bei Tapetenpapier, dann kleben Sie zwei Bögen so aneinander, dass nur die schönen Seiten zu sehen sind.

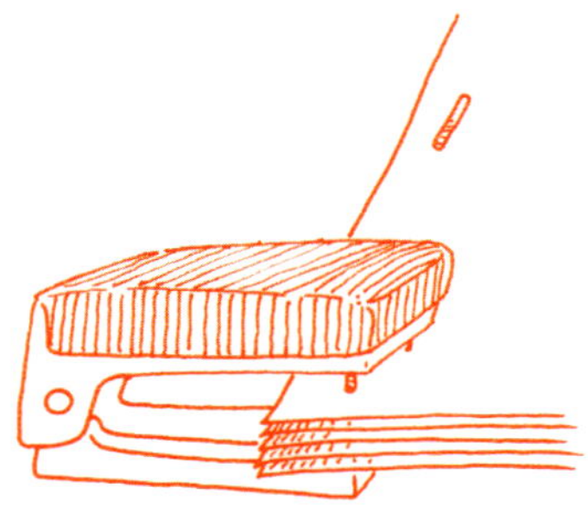

- Gestalten Sie gemeinsam mit dem Kind die Vorder- und Rückseite des Buches.

Das tun die Kinder

- Regen Sie die Kinder dazu an, die verschiedenen Papiersorten im Buch mit allen Sinnen zu erkunden: Schauen, Riechen, Fühlen, beim Blättern hören usw. Manche Kinder werden das Papier auch in den Mund nehmen!
- Lassen Sie die Kinder mit Filz- und Wachsmalstiften auf jede Seite kritzeln und malen.
  Hinweis: Die Kinder entdecken beim Malen mit verschiedenen Malutensilien die unterschiedlichen Ergebnisse auf den Papiersorten.

Tipps

- Es macht den Kindern Spaß, die Unterschiede zwischen den Papieren zu fühlen und zu beobachten, welche Ergebnisse die Filz- und Wachsmalstifte auf den unterschiedlichen Papieroberflächen hinterlassen.
- Kinder tragen ihr Kritzelbuch gerne mit sich herum! Vor allen Dingen, wenn es mit knisterndem Papier wie zerknülltes Transparentpapier ausgestattet ist.
- Fertigen Sie kleine, große, runde, rechteckige oder dreieckige Bücher an, die die Kinder zur Kreativität anregen.

Eimerweise Seifenschaum

Experimente mit dem Seifenschaum! Die Kinder tunken ihre Hände in einen Eimer mit farbigem Seifenschaum! Eine fantastische „Wasch-Erfahrung" im Anschluss an schmutzige Kunstprojekte.

Das brauchen Sie

- 1 Esslöffel (15 ml) mildes Spülmittel
- einen großen Eimer oder eine Plastikwanne
- warmes Wasser
- 2 alte Handtücher
- Lebensmittelfarbe in unterschiedlichen Farbtönen (jeweils 1 Esslöffel)
- Schwämme

Das tun Sie

- Geben Sie das Spülmittel in den Eimer und füllen Sie ihn zur Hälfte mit Wasser. Lassen Sie einen starken Wasserstrahl direkt auf das Spülmittel fließen, um möglichst viele Bläschen zu erhalten.
- Breiten Sie eines der alten Handtücher auf dem Boden aus und stellen Sie den Eimer darauf. Das Handtuch sollte so groß sein, dass die Kinder neben dem Eimer zusätzlich Platz haben. Das Handtuch soll das Ausrutschen auf dem nassen Boden verhindern.
- Legen Sie die Schwämme bereit.

Das tun die Kinder

- Die Kinder krempeln ihre Ärmel hoch und stellen sich um den Eimer. Tröpfeln Sie gemeinsam mit ihnen einen Farbton der Lebensmittelfarbe auf die Blasen.
- Regen Sie sie an, die Hände in den Eimer zu tunken, um die Farbe in den Schaum zu mischen.

- Lassen Sie die Kinder frei experimentieren: Sie können mit ausgestreckten Fingern im Seifenschaum malen oder einen anderen Farbton in den Schaum tröpfeln und beobachten, wie sich die Blasen verfärben.
- Geben Sie den Kindern die Schwämme, um das gefärbte Wasser aufzusaugen und wieder auszudrücken.

- Regen Sie die Kinder an, einen weiteren Farbton direkt auf einen Schwamm zu geben und diesen in den Eimer zu tunken.

Tipps

- Einige der Kinder werden alles, was sich in ihrer Reichweite befindet, mit den Schwämmen säubern: Dreiräder, Puppen, Stühle, Spielzeug, Wände, Beine und Arme. Es bietet sich deshalb an, die Kinder im Freien mit dem Seifenschaum und den Schwämmen experimentieren zu lassen. Eine wichtige Erfahrung, bei der die Kinder das Saubermachen lernen.
- Halten Sie einen Eimer mit „sauberem" Seifenwasser bereit, in dem sich die Kinder jederzeit die Hände waschen können.

Weitere Möglichkeiten

Veranstalten Sie mit den Kindern einen Waschtag! Waschen Sie gemeinsam Puppen oder Spielzeug in einer Plastikwanne mit Seifenwasser. Lassen Sie die Kinder auch die Puppenkleidung waschen und sie mit Wäscheklammern auf einer Leine, die in Höhe der Kinder gespannt ist, aufhängen.

Farbenmischen in der Flasche

Bunte Farben mischen in Plastikflaschen! Die Kinder beobachten, wie sich verschiedene Farben mit unterschiedlichen Flüssigkeiten vermischen. Im Anschluss spielen sie mit den Flaschen, indem sie sie drehen und wenden.

Das brauchen Sie

- 3 durchsichtige Plastikflaschen mit Deckel
- Wasser
- 1 Teelöffel (5 ml) Glitter
- Pflanzenöl
- 1 bis 2 Tassen (240 ml bis 480 ml) Bastelleim, große Flasche
- Lebensmittelfarbe (Rot, Blau und Gelb)
- Klebeband

Das tun Sie

- Befüllen Sie die drei Plastikflaschen mit den folgenden Flüssigkeiten: Wasser und Glitter, Wasser und Öl im Verhältnis 1:1, Bastelleim mit etwas Wasser verdünnt. Geben Sie in jede Flasche einen anderen Farbton der Lebensmittelfarbe (3 Tropfen).

- Schrauben Sie die Deckel fest auf die Flaschen und wickeln Sie das Klebeband darum, damit die Kinder die Flaschen nicht öffnen können.

Das tun die Kinder

- Die Kinder beobachten, wie sich die Lebensmittelfarben mit der jeweiligen Flüssigkeit in unterschiedlichen Geschwindigkeiten und auf unterschiedliche Weise vermischen.
  Hinweis: Besonders interessant und beruhigend ist es, zu beobachten, wie sich die Farbe langsam mit dem Bastelleim vermischt.
- Regen Sie die Kinder im Weiteren an, die Flaschen zur ausgiebigen Erkundung zu schütteln, zu drehen und zu rollen.
- Erweitern Sie die Aktivität durch eine neue Erfahrung: Öffnen Sie die Deckel der Flaschen und fügen Sie zum Kreieren weiterer Farben andere Farben hinzu. Geben Sie zur roten Farbe blaue, zur blauen Farbe gelbe und zur gelben Farbe rote hinzu. Verschließen und verkleben Sie die Flaschen wieder. Beobachten Sie gemeinsam mit den Kindern, welche neuen Farben aus welchen Farbkombinationen entstehen. Die Kinder können die Flaschen nun wieder rollen, schütteln und drehen, um das Mischen zu erkunden.
- Nach Beendigung der Aktivität stellen Sie die Flaschen gemeinsam ans Fenster und erfreuen sich daran, wie sich das Licht darin bricht und der Glitter funkelt.

Tipps

- Halten Sie die Flaschen für das freie Spiel der Kinder bereit. Das Interesse an den Flaschen wird nicht so schnell abflachen.

Weitere Möglichkeiten

- Geben Sie Konfetti, Wachsmalstiftspäne, Murmeln oder andere Gegenstände in die mit Flüssigkeit gefüllten Flaschen. Kleine schwere oder glänzende Objekte sind besonders gut geeignet.
- Füllen Sie andere Flüssigkeiten in die Flaschen und lassen Sie die Kinder damit experimentieren, z. B. eine Mischung aus Wasser und Maisstärke (im Verhältnis 1:1) mit Lebensmittelfarben oder Shampoo und Pflegespülung (im Verhältnis 1:1), um das Phänomen der Schichtung zu beobachten.

Sommerlicher Farbschlauch

Erfahrungen mit der Kunst und mit den Naturwissenschaften! Kinder entdecken im Spiel mit gefärbtem Wasser, Schläuchen und Trichtern die Eigenschaften von Farbe und von Wasser.

Das brauchen Sie

- 2 große Plastiktrichter
- einen dicken, durchsichtigen Plastikschlauch (60 bis 120 cm lang)
- Gewebeklebeband oder Isolierband (optional)
- Lebensmittelfarbe (mindestens zwei Farbtöne)
- Plastikbecher
- einen Eimer mit Wasser oder einen Wasseranschluss mit Gartenschlauch

Das tun Sie

- Kaufen Sie im Fachhandel für Aquarien- oder Gartenzubehör einen zu den Trichtern passenden Plastikschlauch.
- Stecken Sie die Trichter in die Enden des Plastikschlauchs und fixieren Sie sie bei Bedarf mit dem Klebeband.

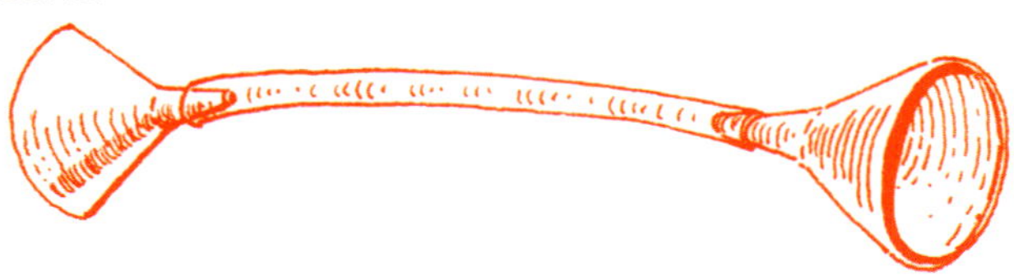

- Das Experimentieren findet im Freien statt. Tragen Sie hierfür alle Utensilien nach draußen. Füllen Sie entweder einen Eimer mit Wasser oder schließen Sie einen Gartenschlauch am Wasserhahn an.

Das tun die Kinder

- Die Kinder füllen Wasser in die Becher und mischen in das Wasser jeweils einen anderen Farbton der Lebensmittelfarbe.
- Anschließend gießen die Kinder das gefärbte Wasser aus einem Becher in die Trichter. Das Farbwasser wird im Schlauch hin- und herfließen. Beobachten Sie mit den Kindern genau, wie sich das gefärbte Wasser verhält.
- Die Kinder können nun den zweiten Becher mit der anderen Farbe in die Trichter schütten und beobachten, wie sich die beiden Farben mischen.
- Der Schlauch kann jederzeit entleert werden, um von Neuem mit dem Farbenmischen zu beginnen.

Tipps

- Trichter und Plastikschlauch müssen dicht miteinander verbunden sein.
- Die Kinder werden bei dieser Aktivität nass werden! Halten Sie bei Bedarf Handtücher zum Abtrocknen bereit.

Weitere Möglichkeiten

- Lassen Sie die Kinder auch mit Seifenblasenlauge experimentieren. Verfolgen Sie gemeinsam, wie sich das schäumende Wasser im Schlauch verhält.
- Für weitere Erkundungen fertigen Sie aus den Schläuchen und Trichtern größere und komplizierte Konstruktionen an. Befestigen Sie die Schläuche zur dauerhaften Installation mit Kabelbindern an einer Lochplattenwerkzeugwand oder an einem Maschendrahtzaun.

Materialverzeichnis

A

Absperrband 87
Adressetiketten 9, 83
Aktendeckel 116
Aluminiumfolie 25, 43, 55, 66, 70, 80, 86, 92, 94, 105, 120
Aquariumkies 46, 70, 74
Äste 85
Aufkleber 9, 70, 81, 83
Auflaufform 84
Aufhängevorrichtungen 117
Ausstechförmchen 13, 40, 47, 92, 94

B

Babynahrungsgläschen 21
Backblech 8, 26f., 30, 32, 44, 46, 54, 98, 99
Backförmchen, aus Papier 70
Backform 28, 48, 66, 113
Backpapier 29, 120
Backpulver 23
Badekleidung 34
Badeschwamm 92
Ball, alle Arten von 92, 93, 99
Ball, Golf- 93, 99
Ball, Hockey- 99
Ball, Jonglier- 99
Ball, Koosh- 93
Ball, Plastikspiel- 99
Ball, Schaumstoff- 99
Ball, Spiel- 99
Ball, Tennis- 93, 99
Ball, Wasser- 99
Ballon 19
Bänder 27, 70, 71, 76
Basilikum 22
Bast 70, 87
Bastelleim 23, 106, 122
Bastelpapier 29, 78, 80
Bauklötze 85
Baumwolle 70, 120
Baupläne 78
Becher 24, 34, 74
Becher, Papp- 14, 21, 46, 71, 93
Becher, Plastik- 14, 95, 112, 123
Behälter 33
Behälter, luftdicht verschließbare 38, 40
Besen 16, 19, 92
Besenborsten 70
Bettlaken 74
Beutel, Frühstücks- 77, 120
Beutel, Gefrier- 49, 116
Bindfaden 70, 74, 92, 94
Blätter 46, 66, 70, 77, 92
Blechdose 57
Blumen 70, 71, 92
Blumen, künstlich 70
Blumen, Plastik- 70
Blumen, Trocken- 70
Bonbonpapier 70
Bratenspritze 27
Briefmarken, abgestempelt 70
Briefpapier 80
Brötchentüte 80
Bügeleisen 59
Buntstifte 58, 66
Büroklammern 70, 119
Bürste 92

C

CD 97
Creme 21
Comics 61, 78, 80

D

Decke 74, 80, 105
Deckel 23, 24, 38, 70, 92
Dominosteine 70, 92
Dosen 71, 74, 89
Draht 66, 70, 105, 117
Druckwerkzeuge 94
Dübel 70
Duftöl 22, 41, 78
Duschvorhang 13, 30

E

Eau de Cologne 22
Eicheln 70, 77, 92
Eierkarton 19, 70, 82
Eimer 16, 34, 113, 121, 123
Eisstiele 36, 46, 54, 70, 92
Eiswürfel 92
Eiswürfelbehälter 17
Erdbeerschalen 92
Erde 22, 34
Essig 21, 23
Essstäbchen 13, 36, 38, 48, 54
Etiketten 70

F

Faden 70, 76, 82, 116
Farbe, Fingermal- 12f., 61
Farbe, Lebensmittel- 12, 17, 20ff., 27, 32, 35, 36, 40, 41, 49, 61, 96, 100, 121, 122, 123
Farbe, Stoffmal- 28
Farbe, Tafel- 115
Farbe, Tempera- 12f., 14, 19, 20ff., 24, 25, 26, 27, 28, 29, 30, 42, 46, 48, 62, 63, 65, 94, 97, 98, 99, 102, 103, 104, 106, 107, 112
Farbkreide 21
Farbrolle 16, 26, 92
Farbstock 113
Farbwalze 92, 103
Farn 19
Federn 13, 19, 40, 46, 70
Fellmuster 70
Filmdöschen 17, 70, 92
Filter 26, 70
Filz 70, 87
Filzstifte 26, 55, 66, 83, 92, 110, 112, 113, 114, 120
Flasche 62, 63, 70, 78, 105, 122
Flasche, Plastik- 62, 63, 78
Flasche, Sprüh- 26
Flasche, Verschlusskappen von 92
Fleischklopfer 92
Fliegengitter 70
Fliegenklatsche 94
Folie 29, 70, 71, 72, 80, 82, 120
Fotos 80, 116, 119
Frischhaltefolie 70, 80, 120
Fruchtgetränkepulver 37
Frühstücksbeutel 77, 120
Fußmatte 105

G

Gabel 13, 36, 44, 92
Gabel, Holz- 13
Gaffaband 84
Gardinen 70
Garn 27, 70, 92
Garnrollen 50, 85, 92, 94
Gaze 70
Gefrierbeutel 49, 116
Gelatine 14, 22, 35, 93
Geschenkpapier 29, 61, 70, 80
Geschirrhandtuch 32, 120
Getreidehülsen 70
Gewürze 22
Gewürzstreuer 30, 93
Gießkanne 30
Gips 42, 113
Gitter, Draht- 70, 105
Gitter, Fliegen- 70
Glanzpapier 13
Glitter 70, 122
Glitzer 70
Glyzerin 23, 101
Goldpapier 80
Golfbälle 93, 99
Golftees 38, 76
Götterspeise 35
Gräser 70
Grußkarten 70
Gummiband 70
Gummidichtung 70
Gummiklebemasse 119
Gummistiefel 97
Gürtel 70
Gussformen 93

H

Haarbürste ... 94
Haargel ... 35
Halskette ... 27
Hammer ... 38, 76
Handcreme ... 22
Handsäge ... 110
Handschuhe ... 19, 92, 93
Handtuch ... 44, 97, 121
Handtuch, Geschirr- ... 32
Hefe ... 44
Holz ... 61, 66, 70, 77, 85, 86, 87, 93, 106
Holz, Balsa- ... 70
Holz, Bambus- ... 70
Holz, Bauklötze aus ... 85
Holz, Treib- ... 71
Holzfaserplatten ... 115
Holzklotz ... 38, 93
Holzpappe ... 61, 63, 74, 85
Holzrahmen ... 85, 117
Holzreste ... 93
Holzspatel ... 38, 61, 102
Holzspieße ... 44

I

Isolierband ... 84, 114

J

Joghurtbecher ... 14, 112

K

Kacheln ... 71
Kaffee ... 22
Kaffee, Filtertüte ... 26, 61, 71
Kaffee, Instant- ... 23
Kakaopulver ... 22
Kalender, alt ... 61, 78
Kamm ... 13, 14, 40, 71, 93
Kartoffel ... 93
Kartoffelstampfer ... 40, 93, 94
Karton, Papp- ... 58, 61, 63, 78, 87, 110,
Karton, Pizza- ... 112
Kartondeckel ... 38
Käsereibe ... 33, 66
Kassettenband ... 71
Kerzen ... 71
Kerzen, Geburtstags- ... 38, 40, 46
Ketten ... 71
Ketten, Perlen- ... 27, 71
Kiefernnadeln ... 19, 71, 93
Kiefernzapfen ... 71, 93, 94
Kiefernzweige ... 19, 94
Kies ... 105
Kieselsteine ... 46, 74
Klarsichthüllen ... 118
Klebeband ... 13, 18, 26, 29, 35, 55, 66, 71, 72, 76, 78, 84, 97, 106, 110, 117, 122
Klebeband, Abdeckband ... 25, 55, 58, 71, 84, 100, 103, 104, 105, 110, 112
Klebeband, doppelseitig ... 84
Klebeband, Gewebe- ... 84, 123
Klebeband, Isolierband ... 114
Klebeband, Paket- ... 110, 112
Klebeband, transparent ... 84
Klebefolie ... 71, 72, 82, 120
Klebezettel ... 71
Klebstoff ... 74, 76, 77, 80, 92, 107
Klebstoffpistole ... 106
Kleidungsstücke, abgetragen ... 28, 33
Kleister ... 33, 101
Klemmhalter ... 110
Knetmasse ... 94
Knoblauchpresse ... 40
Knöpfe ... 38, 66, 71, 74, 93, 105
Konfetti ... 71, 74, 80
Konfetti, mit dem Locher ausgestanzt ... 71
Konservendosen ... 71, 74, 93
Korb ... 30, 57, 93
Kordel ... 27, 66, 71, 87
Korken ... 38, 71, 93, 94
Kreide ... 56, 57, 58, 61, 71, 110, 115
Kreide, Ölpastell- ... 61, 66
Kreppband ... 84, 87, 94
Krepppapier ... 18, 71, 93
Krug ... 71
Kuchenform ... s. Backform
Kuchengitter ... 44, 66
Küchenpapier ... 29, 61, 80, 94, 96, 106, 107
Küchenpapierrolle, leer ... 92
Küchenrolle ... 93
Küchenutensilien ... 40, 44, 66, 93
Kunststoff ... 71
Kunstwerk des Kindes ... 116, 117, 118, 119

L

Lappen ... 117
Lebensmittelfarbe ... 12, 17, 20ff., 27, 32, 35, 36, 40, 41, 49, 61, 96, 100, 121, 122, 123
Leder ... 71, 105
Linoleum ... 71
Locher ... 82
Lockenwickler ... 13, 71, 93
Löffel ... 36, 48, 49, 54, 63, 72, 74, 77, 93
Löffel, Holz- ... 14, 36, 40, 44, 63, 78, 85
Löschpapier ... 71
Luftpolsterfolie ... 93, 104
Lumpen ... 94

M

Magnet ... 118
Maiskolben, getrocknet ... 93, 95
Maissirup ... 21
Maisstärke ... 12, 14, 20, 21, 23, 32, 35, 38, 48, 49, 74
Malbuch ... 78
Malkittel ... 36
Maßband ... 71
Materialien für Collagen ... 46, 70f., 74
Materialien zum Drucken ... 92f.
Materialien zum Kritzeln ... 61
Materialien zum Weben ... 87
Mehl ... 21, 22, 23, 36, 37, 40, 41, 44, 46, 48, 63, 78
Messer ... 14, 36, 40, 44, 48, 78
Metallteile ... 71
Milch ... 22, 23
Milchkarton ... 112
Milchpulver ... 22
Modeschmuck ... 71
Moos, getrocknet ... 71
Moosgummi ... 106
Mousepad ... 106
Muffinform ... 20, 21, 46, 93, 105
Münzen ... 66, 71
Murmeln ... 122
Muscheln ... 46, 71, 93
Muskatnuss ... 22

N

Nadel ... 27, 116
Nagelfeile ... 71
Nagelhautstift ... 71
Nasensauger ... 27
Nelken ... 22
Nudelholz ... s. Wellholz
Nudeln ... 38
Nüsse ... 74
Nylonstrümpfe ... 93

O

Öl ... 37, 49, 61
Öl, Pflanzen- ... 36, 40, 41, 122
Öl, Speise- ... 44
Ölpapier ... 80

P

Packpapier ... 55, 97, 107, 120
Packseide ... 82
Paketband ... 84, 110, 112
Papier ... 18, 19, 24, 25, 26, 27, 29, 54, 55, 56, 61, 62, 63, 64, 65, 66, 70, 71, 76, 78, 80, 82, 83, 87, 89, 93, 94, 97, 98, 99, 100, 102, 104, 106, 107, 110, 112, 120
Papier, Back- ... 29, 120
Papier, Bastel- ... 29, 78, 80
Papier, Brief- ... 80
Papier, Geschenk- ... 29, 61, 70, 80, 120
Papier, Glanz- ... 13
Papier, Gold- ... 80
Papier, Krepp- ... 18, 71, 93
Papier, Küchen- ... 29, 80
Papier, Öl- ... 80
Papier, Pack- ... 55, 97, 107, 120
Papier, Pergament- ... 120
Papier, Seiden- ... 61, 71, 78, 80, 82, 120
Papier, Toiletten- ... 33
Papier, Ton- ... 80, 89
Papier, Transparent- ... 120
Papier, Wachs- ... 29
Papier, Zeitungs- ... s. Zeitung
Papiertüte ... 29, 80, 120
Pappe ... 14, 63, 66, 71, 72, 74, 77, 78, 83, 85, 86, 93, 115, 116, 117
Papprollen ... 50, 71
Parfüm ... 22
Perlen ... 50, 71, 74, 85
Perlenketten ... 27, 71
Pfeifenreiniger ... 71
Pflanzen ... 71
Pflanzenöl ... 36, 40, 41, 122
Pflaster ... 83, 84, 105
Pfefferstreuer ... 30, 93
Pinnnadeln ... 71
Pinsel ... 16, 17, 19, 20, 24, 26, 28, 29, 42, 46, 48, 56, 57, 64, 65, 74, 77, 80, 98, 103, 104, 112, 115

Pipetten 27, 93
Pizzaschachtel 112
Plastikbehälter 33
Plastikbeutel 25, 35, 38, 40, 42
Plastikdeckel 13, 14, 71
Plastikflasche 61, 62, 63, 78, 122
Plastikfolie 93
Plastiktiere 38, 93
Plastiktischdecke 13, 19, 24, 28
Plastikwanne 121
Platzdeckchen 46
Plexiglas 114
Pokerchip 93
Polster, Stoffmuster 93
Poster 29, 110
Postkarte 61
Prospekte 71
Pusteblume 93

R

Radiergummi 71, 94
Rahmen 85, 117
Rasen 105
Rasierschaum 23, 35
Regen 30
Reis 41
Reißverschluss 71
Rinde 71
Rohrkolben 19
Rollen 50, 71, 93
Rückenbürste 93
Rührgerät, elektrisches 63
Rührlöffel 113
Rührschüssel 36
Rührstab 38

S

Sackleinen 71, 103, 105
Säge 115
Sägemehl 71
Sägespäne 71
Salbei 22
Salz 23, 37, 38, 40, 41, 44, 46, 48, 63
Salzstreuer 30, 93
Salzteig 46
Samen 74
Samt 71
Sand 34, 41, 54, 72, 74, 112
Saugnapf 93
Saumband 71
Schachtel 71, 78, 83, 87, 99
Schale 29, 56, 65, 71, 74, 76, 80, 94, 96, 99, 102, 103, 104
Schaumstoff 71, 93
Schaumstoffverpackungen 74
Scheren 18, 27, 30, 72, 82, 87, 88, 89, 106, 112, 115, 116, 117, 118, 119, 120
Schilfhalme 71
Schlauch, Garten- 34, 123
Schlauch, Gummi- 70
Schlauch, Fahrrad- 70
Schlauch, Plastik- 123
Schleifpapier 59, 71
Schlüssel 66, 71, 93
Schlüsselanhänger 71
Schlüsselringe 71
Schmuckkette 71
Schmuckstücke 71
Schnallen 71
Schneebesen 95
Schnur 71, 82, 105, 110
Schnürsenkel 71
Schöpfkelle 33
Schrubber 16, 93
Schürze 36
Schüssel ... 14, 18, 20ff., 34, 35, 36, 42, 46, 63, 64, 78, 80, 113
Schuhe 93, 97
Schuhkarton 30, 80, 89, 113
Schuhkartondeckel 80
Schuhsohlen 66, 95
Schwamm 16, 19, 56, 61, 71, 92, 93, 95, 104, 115, 121
Schwammbürste 16
Seide 71
Seidenpapier 61, 71, 78, 80, 82, 120
Seife 13, 21, 33, 97, 101
Seifenblasenlauge 100
Seifenblasenring 100
Seifenschale 93
Seil 71
Serviette 61, 78
Shampoo 22, 41, 101
Sieb 66
Socken 19, 93, 95, 114, 115
Sonnenblumenkerne, ungeschält 72, 74
Spannplatte 114
Spatel 13, 14, 36, 38, 46, 61, 71, 78, 93, 102
Sperrholz 105
Spielsteine, Mühle- 71, 93
Spielzeug 13, 34, 38, 40, 70, 71, 76, 93, 95, 98
Spielzeug, defekt 70, 93

Spielzeug, mit Rädern 93, 98
Spielzeug, Sandkasten- 34
Spielzeug, Teile von 13
Spielzeugautos 40, 93, 95, 98
Spielzeughammer 38, 76
Spielzeuglastwagen 93, 98
Spielzeugtraktor 93, 98
Spielzeugtiere 38
Sprühflasche 26
Sprühflaschendeckel 71
Spülbürste 16, 19, 57, 93
Spüllappen 19
Spülmittel, flüssig 117, 121
Spülschwamm 19
Spülwannen 32, 74
Spulen 71
Staffelei 110, 112
Stampfer 33, 40, 93
Stärke, flüssig 12, 23, 35
Staubwedel 16, 93, 95
Stein 61, 66, 77
Stempel, alle Arten von 71, 93
Stempel, alte Gummi- 93
Stickgarn 71
Stifte .... 26, 61, s. auch Bunt- und Filzstifte
Stöcke 46, 61, 71, 77, 93
Stoff 28, 71, 74, 87, 93, 103, 105, 120
Stoffmusterproben 28
Stoffreste 28, 71, 74
Stuhl 97
Styropor® 71, 76

T

Tablett 19, 26, 28, 42, 46, 48, 71, 76, 78, 87, 94, 98, 106, 107
Tacker 120
Tafelfarbe 115
Tapete 29, 80, 120
Teebeutel 23
Telefonbuch 78
Teller 46, 48, 59
Teller, Papp- 46, 59, 61, 77, 80
Teppichmuster 71, 93
Tesafilm 62, 71
Tischdecke 32, 56
Tischtennisbälle 71
Toilettenbürste 93
Toilettenpapier 33
Tonpapier 80, 89
Topf 35, 40
Topfreiniger 93
Treibholz 71
Trichter 93, 123
Trinkhalm 13, 27, 36, 38, 40, 46, 48, 50, 54, 71, 93
Trockenhefe 44
Tüte, Plastik- 120

U

Ukuleleseiten 71
Utensilien für die Frottage 66
Utensilien für selbst gemachte Pinsel 19
Utensilien zum Auffädeln 50
Utensilien zum Weben 87
Utensilien zum Malen 16
Utensilien zur Teigbearbeitung 40

V

Verpackungsschachtel 63
Verschlussklammern 71
Verzierungen 71, 93
Vogelfutter 72, 74

W

Wachskerzen 71
Wachsmalkreide 58, 61
Wachsmalstifte 59, 64, 65, 66, 83, 93, 110, 120
Wachspapier 29, 80, 120
Wachstischdecke 56
Wachstuch, Stücke 71
Wanne 74, 97, 121
Wäscheklammer 38, 71
Wäscheleine 93
Wasser 16, 17, 18, 23, 24, 26, 27, 32, 33, 34, 35, 36, 37, 38, 40, 41, 42, 44, 46, 48, 49, 56, 57, 63, 64, 65, 78, 96, 101, 113, 115, 121, 122, 123
Wasserfarbe 21, 27, 62
Wattebäusche 24, 71, 74, 76
Wattestäbchen 61, 71, 76, 78, 93, 95, 96
Weinstein 37, 40, 41
Wellholz 13, 36, 38, 40, 93, 95, 102, 103, 107
Werbeprospekte 61, 71, 93
Werkzeuge für Fingermalfarben 13
Werkzeuge für Knetmasse 40
Werkzeuge zum Drucken .... 94f.
Werkzeuge zum Malen und Kritzeln 54, 61
Werkzeuge zum Modellieren 36
Wolle 71, 74, 76, 82, 87, 89, 93, 99, 105, 107, 110
Wollflocken 71

Z

Zackenlitze.. 71
Zahnbürsten.................................... 71, 93
Zahnstocher.................................. 44, 48
Zeitschriften................................. 61, 78, 80
Zeitung...................... 13, 19, 24, 26, 28, 29, 59, 61, 71, 77, 78, 80, 87, 93, 96, 104, 112, 120
Zimt... 22
Zucker.................................... 44, 78, 101
Zungenspatel..................................... 71
Zweige... 46, 71

Symbolverzeichnis

Einfache Vorbereitung

Bunte Farbtupfer 24
Das fühlt sich klebrig an! 32
Der Farbklecks! 102
Drucken mit den Fingerspitzen 96
Einfache Aufkleber 83
Erste Erfahrungen mit der Schere: drei Lernschritte 88
Erste Erfahrungen mit Fingermalfarbe 12
Erstes Farbenmischen 17
Fingermalfarbe auf der Tischplatte 14
Klebeband-Collage 84
Kleister und Papier 78
Knitternde und knisternde Folie 43
Leuchtende Kreidekritzelei 56
Magischer Farbbeutel 25
Magisches Malen und Zeichnen 64
Malen mit Papier 18
Malen mit Wasser 16
Matschspiele im Freien 34
Mit Kreide und Wasser malen 57
Papierschnipsel-Collage 80
Sandmalerei 54
Saubere Pampe 33
Widerstand der Wachsmalfarbe 65
Wir kritzeln! 60
Zeichen setzen 55

Aufwendigere Vorbereitung

Bunter Malspaß auf dem Pappkarton 58
Collagen: Drücken und Kleben 72
Dehnbarer Spielteig 36
Drucken mit Luftpolsterfolie 104
Eimerweise Seifenschaum 121
Erste Frottage-Kunstwerke 66
Farbenmischen in der Flasche 122
Farbige Reifenspuren 98
Fleißiges Drucken 94
Flummiteig 49
Große Perlen aus der Perlenwerkstatt 48
Große Perlenfädelei 50
Gummiteig 38
Kippen und Rollen: gepunktete Spuren 99
Knetmasse 40
Kritzelbuch 120
Kunst-Sammelbuch 116
Leicht gemacht: Drucken mit Seifenblasen 100
Malen: vier prozessorientierte Vorschläge 26
Rahmen für die Kühlschranktür 118
Regenbogen-Beutel 35
Regenspritzer 30
Rieseln, Schütten, Kleben 74
Selbst gemachte Farben – 23 Rezepte 20
Skulptur aus Bauklötzen 85
Skulpturen aus Brotteig 44
Sonnenfänger für das Fenster 82
Spaß mit Collagen – vier Favoriten 76
Stempeln und Rollen 106
Tolle Drucke mit Sackleinen 103
Tupfen 62
Wachsmalstifte und Schleifpapier 59
Wickeln mit der Folie 86
Wilde Pinsel 19

Recht komplexe Vorbereitung

Auf Stoff malen! 28
Drücken und Quetschen 63
Ein Kunstbuch als Erinnerungsstück 119
Erstes Weben 87
Fabelhafte Rahmen 117
Farbtanz im Sitzen 97
Figuren aus Salzteig 46
Gipsskulpturen aus dem Beutel 42
Kindgerechter Filzstifthalter 113
Kleine Filzstifttafel 114
Kleine Kreidetafel 115
Malen auf Patchworkpapier 29
Pizzaschachtel-Staffelei 112
Sommerlicher Farbschlauch 123
Staffelei für den Tisch 110

Ruhige Tätigkeiten

Auf Stoff malen! 28
Bunte Farbtupfer 24
Collagen: Drücken und Kleben 72
Der Farbklecks! 102
Drucken mit den Fingerspitzen 96
Drucken mit Luftpolsterfolie 104
Drücken und Quetschen 63
Ein Kunstbuch als Erinnerungsstück 119
Einfache Aufkleber 83
Erste Erfahrungen mit der Schere: drei Lernschritte 88
Erstes Weben 87
Erstes Farbenmischen 17
Fabelhafte Rahmen 117
Farbenmischen in der Flasche 122
Figuren aus Salzteig 46
Gipsskulpturen aus dem Beutel 42
Große Perlen aus der Perlenwerkstatt 48
Kindgerechter Filzstifthalter 113
Klebeband-Collage 84
Kleine Filzstifttafel 114
Kleine Kreidetafel 115
Kleister und Papier 78
Knitternde und knisternde Folie 43
Kunst-Sammelbuch 116
Leuchtende Kreidekritzelei 56
Magisches Malen und Zeichnen 64
Malen auf Patchworkpapier 29
Malen: vier prozessorientierte Vorschläge 26
Mit Kreide und Wasser malen 57
Papierschnipsel-Collage 80
Pizzaschachtel-Staffelei 112
Rahmen für die Kühlschranktür 118
Sandmalerei 54
Skulpturen aus Brotteig 44
Sonnenfänger für das Fenster 82
Staffelei für den Tisch 110
Tolle Drucke mit Sackleinen 103
Tupfen 62
Wachsmalstifte und Schleifpapier 59
Wickeln mit der Folie 86
Widerstand der Wachsmalfarbe 65
Wir kritzeln! 60
Zeichen setzen 55

Aktive Tätigkeiten

Bunter Malspaß auf dem Pappkarton 58
Das fühlt sich klebrig an! 32
Dehnbarer Spielteig 36
Eimerweise Seifenschaum 121
Erste Frottage-Kunstwerke 66
Farbige Reifenspuren 98
Farbtanz im Sitzen 97
Fleißiges Drucken 94
Flummiteig 49
Große Perlenfädelei 50
Gummiteig 38
Kippen und Rollen: gepunktete Spuren 99
Knetmasse 40
Kritzelbuch 120
Leicht gemacht: Drucken mit Seifenblasen 100
Magischer Farbbeutel 25
Matschspiele im Freien 34
Regenbogen-Beutel 35
Regenspritzer 30
Rieseln, Schütten, Kleben 74
Saubere Pampe 33
Selbst gemachte Farben – 23 Rezepte 20
Skulptur aus Bauklötzen 85
Sommerlicher Farbschlauch 123
Spaß mit Collagen – vier Favoriten 76
Stempeln und Rollen 106
Wilde Pinsel 19

Reinigung erwünscht

Auf Stoff malen! 28
Das fühlt sich klebrig an! 32
Dehnbarer Spielteig 36
Der Farbklecks! 102
Drucken mit den Fingerspitzen 96
Drucken mit Luftpolsterfolie 104
Drücken und Quetschen 63
Erste Erfahrungen mit Fingermalfarbe 12
Farbige Reifenspuren 98
Farbtanz im Sitzen 97
Figuren aus Salzteig 46
Fingermalfarbe auf der Tischplatte 14
Fleißiges Drucken 94
Flummiteig 49
Große Perlen aus der Perlenwerkstatt 48
Kippen und Rollen: gepunktete Spuren 99
Kleine Filzstifttafel 114
Kleine Kreidetafel 115
Kleister und Papier 78
Knetmasse 40
Leuchtende Kreidekritzelei 56
Malen mit Papier 18
Malen: vier prozessorientierte Vorschläge 26
Matschspiele im Freien 34
Mit Kreide und Wasser malen 57
Papierschnipsel-Collage 80
Pizzaschachtel-Staffelei 112

Saubere Pampe 33
Selbst gemachte Farben – 23 Rezepte 20
Skulptur aus Bauklötzen 85
Skulpturen aus Brotteig 44
Spaß mit Collagen – vier Favoriten 76
Stempeln und Rollen 106
Tolle Drucke mit Sackleinen 103
Tupfen 62
Widerstand der Wachsmalfarbe 65
Wilde Pinsel 19

Künstlerkleidung empfohlen

Dehnbarer Spielteig 36
Der Farbklecks! 102
Drucken mit den Fingerspitzen 96
Drucken mit Luftpolsterfolie 104
Drücken und Quetschen 63
Erste Erfahrungen mit Fingermalfarbe 12
Farbige Reifenspuren 98
Farbtanz im Sitzen 97
Figuren aus Salzteig 46
Fleißiges Drucken 94
Kippen und Rollen: gepunktete Spuren 99
Kleister und Papier 78
Matschspiele im Freien 34
Mit Kreide und Wasser malen 57
Papierschnipsel-Collage 80
Pizzaschachtel-Staffelei 112
Saubere Pampe 33
Skulptur aus Bauklötzen 85
Skulpturen aus Brotteig 44
Sommerlicher Farbschlauch 123
Stempeln und Rollen 106
Tolle Drucke mit Sackleinen 103
Tupfen 62
Widerstand der Wachsmalfarbe 65

Gruppe

Bunter Malspaß auf dem Pappkarton 58
Collagen: Drücken und Kleben 72
Das fühlt sich klebrig an! 32
Dehnbarer Spielteig 36
Drucken mit den Fingerspitzen 96
Einfache Aufkleber 83
Fabelhafte Rahmen 117
Farbtanz im Sitzen 97
Figuren aus Salzteig 46
Fleißiges Drucken 94
Flummiteig 49
Große Perlen aus der Perlenwerkstatt 48
Gummiteig 38
Kindgerechter Filzstifthalter 113
Kleine Filzstifttafel 114
Kleine Kreidetafel 115
Kleister und Papier 78
Knetmasse 40
Knitternde und knisternde Folie 43
Leicht gemacht: Drucken mit Seifenblasen 100
Leuchtende Kreidekritzelei 56
Magisches Malen und Zeichnen 64
Malen auf Patchworkpapier 29
Malen mit Papier 18
Mit Kreide und Wasser malen 57
Papierschnipsel-Collage 80
Regenbogen-Beutel 35
Regenspritzer 30
Rieseln, Schütten, Kleben 74
Sandmalerei 54
Skulpturen aus Brotteig 44
Sonnenfänger für das Fenster 82
Spaß mit Collagen – vier Favoriten 76
Tupfen 62
Wachsmalstifte und Schleifpapier 59
Widerstand der Wachsmalfarbe 65
Wir kritzeln! 60
Zeichen setzen 55

Empfohlen für den Außenbereich

Eimerweise Seifenschaum 121
Leicht gemacht: Drucken mit Seifenblasen 100
Malen mit Wasser 16
Regenspritzer 30
Sommerlicher Farbschlauch 123
Wir kritzeln! 60

Sorgfältige Aufsicht und Vorsicht

Eimerweise Seifenschaum 121
Erste Erfahrungen mit der Schere: drei Lernschritte 88
Farbtanz im Sitzen 97
Große Perlenfädelei 50
Gummiteig 38
Knetmasse 40
Klebeband-Collage 84
Kleister und Papier 78
Leicht gemacht: Drucken mit Seifenblasen 100
Rieseln, Schütten, Kleben 74
Selbst gemachte Farben – 23 Rezepte 20
Wachsmalstifte und Schleifpapier 59
Wickeln mit der Folie 86
Wilde Pinsel 19

Aktivitätenverzeichnis

Auf Stoff malen! 28
Aufsaugen 26
Blumenkleckse 102
Bunte Bändelei 27
Bunte Farbtupfer 24
Bunter Malspaß auf dem Pappkarton 58
Collagen: Drücken und Kleben 72
Collagenbuch 81
Cremige Fingermalfarbe aus Seifenflocken 13
Das fühlt sich klebrig an! 32
Dehnbarer Spielteig 36
Der Farbklecks! 102
Die Papierfabrik 89
Die Wollfabrik 89
Die Wurmfabrik 88
Drucken mit den Fingerspitzen 96
Drucken mit Luftpolsterfolie 104
Duftfarbe 22
Drücken und Quetschen 63
Eimerweise Seifenschaum 121
Ein Kunstbuch als Erinnerungsstück 119
Einfache Aufkleber 83
Einfache Fingermalfarbe – von den Kindern selbst angemischt 12
Erste Erfahrungen mit der Schere: drei Lernschritte 88
Erste Erfahrungen mit Fingermalfarbe 12
Erste Frottage-Kunstwerke 66
Erstes Farbenmischen 17
Erstes Weben 87
Fabelhafte Rahmen 117
Farbbecherhalter 112
Farbe aus Creme 20
Farbe aus Eiern 21
Farbe aus Essig und Wasserfarbe 23
Farbe aus Maissirup und Lebensmittelfarbe 21
Farbe aus Maisstärke 20
Farbe aus Maisstärke und Essig 21
Farbe aus Mehl 21
Farbe aus Milch 22
Farbe aus Milch und Lebensmittelfarbe 22
Farbe aus Rasierschaum und Bastelleim 23
Farbe aus Shampoo 22
Farbe aus Tee 23
Farbe aus Teig 22
Farbe aus Wackelpudding 22
Farbe mit Struktur 22
Farbenmischen in der Flasche 122
Farbige Reifenspuren 98
Farbtanz im Sitzen 97
Federn ankleben 77
Figuren aus Salzteig 46
Fingermalfarbe auf der Tischplatte 14
Fingermalfarbe aus flüssiger Stärke 12
Fingermalfarbe aus Temperafarben – leicht zu reinigen 13
Fingermalfarbe aus warmer Maisstärke 12
Fleißiges Drucken 94
Flummiteig 49
Gefrorene Wasserfarbe 21
Gipsskulpturen aus dem Beutel 42
Glänzende Farbe aus Milch 23
Glitschige Farbe 23
Golftees befestigen 76
Große Perlenfädelei 50
Große Perlen aus der Perlenwerkstatt 48
Großer Holzblockstempel 106
Großes Wandgemälde 73
Gummiteig 38
Kindgerechter Filzstifthalter 113
Kippen und Rollen: gepunktete Spuren 99
Klebeband-Collage 84
Klebstoffkunst 82
Klebriger Spaziergang 73
Kleine Filzstifttafel 114
Kleine Kreidetafel 115
Kleister und Papier 78
Knetmasse 40
Knitternde und knisternde Folie 43

Kritzelbuch ... 120
Kritzel-Kekse ... 67
Kunst-Sammelbuch ... 116
Leicht gemacht: Drucken mit Seifenblasen ... 100
Leuchtende Kreidekritzelei ... 56
Magischer Farbbeutel ... 25
Magisches Malen und Zeichnen ... 64
Mal- und Waschkunst ... 15
Malen auf Patchworkpapier ... 29
Malen mit Papier ... 18
Malen mit Wasser ... 16
Malen: vier prozessorientierte Vorschläge ... 26
Matschfarbe ... 22
Matschkuchen für drinnen ... 34
Matschspiele im Freien ... 34
Mit dem Wellholz drucken ... 107
Mit Kreide und Wasser malen ... 57
Monsterkleckse ... 102
Naturmaterialien ankleben ... 77
Papierschnipsel-Collage ... 80
Papierlaufsteg ... 97
Papierwandbild ohne Kleister ... 81
Pizzaschachtel-Staffelei ... 112
Pustebilder ... 27
Rahmen aus Pappteller ... 82
Rahmen für die Kühlschranktür ... 118
Regenbogen-Beutel ... 35
Regenspritzer ... 30
Rezepte für Fingermalfarben ... 12f.
Rezept für fruchtigen Spielteig ... 37
Rezept für große Mengen Seifenblasenlauge ... 101
Rezept für Seifenblasenlauge, schnell ... 101
Rieseln, Schütten, Kleben ... 74
Rollen ... 26
Salzteig ... 46, 48
Sandmalerei ... 54
Saubere Pampe ... 33
Schminke ... 21
Schneefarbe ... 23
Selbst gemachte Farben – 23 Rezepte ... 20
Skulptur aus Bauklötzen ... 85
Skulpturen aus Brotteig ... 44
Sommerlicher Farbschlauch ... 123
Sonnenfänger für das Fenster ... 82
Spaß mit Collagen – vier Favoriten ... 76
Staffelei für die Tischplatte ... 110
Stempeln und Rollen ... 106
Strand-Collage ... 75
Tempera und Stärke zum Aufstreichen ... 23
Tolle Drucke mit Sackleinen ... 103
Tupfen ... 62
Wachsmalstifte und Schleifpapier ... 59
Wattebäusche ankleben ... 76
Wickeln mit der Folie ... 86
Widerstand der Wachsmalfarbe ... 65
Wilde Pinsel ... 19
Wir kritzeln! ... 60
Zeichen setzen ... 55